정여울의 문학 멘토링

정여울의 문학 멘토링

개정증보판 1쇄 발행 2013년 5월 15일
개정증보판 9쇄 발행 2025년 3월 25일

지은이 | 정여울
디자인 | 이석운
일러스트 | 홍아지

펴낸이 | 박숙희
펴낸곳 | 메멘토
신고 | 2012년 2월 8일 제25100-2012-32호
주소 | 서울시 은평구 연서로26길 9-3(대조동) 동양오피스텔 301호
문의전화 | 070-8256-1543 팩스 | 0505-330-1543
이메일 | memento@mementopub.kr

ⓒ 정여울
ISBN 978-89-98614-00-3 (03810)

이 도서의 국립중앙도서관 출판시도서목록(CIP)은 서지정보유통지원시스템 홈페이지
(http://seoji.nl.go.kr)와 국가자료공동목록시스템(http://www.nl.go.kr/kolisnet)에서
이용하실 수 있습니다. (CIP제어번호 : CIP2013005210)

이 책은 저작권법에 따라 보호받는 저작물이므로 무단전재와 복제를 금지하며, 이 책 내용과
이미지의 전부 또는 일부를 이용하려면 반드시 저작권자와 메멘토의 서면동의를 받아야 합니다.

• 파본은 구입하신 서점에서 바꾸어 드립니다. • 책값은 뒤표지에 있습니다.

정여울의 문학 멘토링
문학의 비밀을 푸는 20개의 놀라운 열쇠

정여울 지음

메멘토

| 개정증보판을 펴내며 |

다시, 문학 멘토링을 꿈꾸며

이 책의 제목을 '문학 멘토링'으로 지은 것은 나 자신이 문학으로부터 끊임없이 조언과 치유를 받아온 산증인이라 믿었기 때문이다. 멘토링이라는 단어에 묻어버린 자기계발서의 뉘앙스가 걱정스럽긴 했지만, 말 그대로 나는 힘들 때마다 문학의 거대한 원시림 속으로 영혼의 삼림욕을 떠났고, 매번 기적처럼 고통을 치유한 후 삶의 전쟁터로 되돌아오곤 했다. 그런 나의 기쁨과 행복을 여러분과 함께 나누기 위해 만든 책이었기에, 그 마음을 알아준 독자들의 편지가 유난히 반갑고 애틋했다.

『문학 멘토링』 이후 내 책의 독자들은 한편으로는 훨씬 어려졌고, 한편으로는 더욱 연륜이 깊어졌다. 중고등학생의 귀여운 독자편지만큼이나 반가운 것은 이제 자식들을 다 키운 후 향기로운 노년을 준비하는 어르신들의 따스한 격려 편지였다. 청소년들을 위한 문학 강연과 남녀노소가 뒤섞인 자유로운 교양 강연을 시작하면서 『문학 멘토링』은 항상 나에게 '더 친절하게, 그러면서도 깊이를 잃지 않고' 독자와 만나는 법을 고민하게 해주었다. 글쓰는 사람의 첫 마음을 잃어버릴 위기에 처할 때마다, 나는 『문학 멘토링』을 처음 구상하던 그때 그 순간을 떠올려본다. 그것은 어린 시절 '이제 그만 불 끄고 자라'는 엄마의 잔소리를 들으면서도 씩씩하게 불을 켜고 끊임없이 소설책을 읽던 내 자신의 순수를 잃지 않으려는 다짐이었다. 그 첫 마음의 싱그러움을 담아 증보판을 세상에 내보낸다. 부디 『문학 멘토링』이 문학을 사랑하는 독자 여러분들의 그토록 푸르렀던 첫 마음을 되살리는 따스한 촉매가 되기를 기도하며.

2013년 5월
유난히 늦게 찾아온 봄날의 햇살을 만끽하며
정여울

| 초판 서문 |

문학을 먹고, 입고, 숨 쉬는 법

학창 시절에는 '문학을 공부한다'는 말에 심한 거부감을 느꼈다. 문학을 즐길 수도 있고 문학을 사랑할 수도 있지만 문학을 어떻게 '공부한다'는 말인지 의아했다. 영어나 수학 시간에는 초인적인 집중력을 발휘해야 했지만, 문학 시간은 그저 마음 편하게 '즐기면 된다'고 생각했던 것이다. 특히 고3 시절에는 문학 시간이 최고의 휴식 시간이었던 것 같다. 기말고사가 끝나면 가까운 서점에 찾아가 내 손으로 직접 고른 소설책을 사 보는 것이 내가 나에게 주는 거대한 포상이었다. 문학 시험도 분명 '시험'의 일종이었지만, 그 시절 나는 나도 모르게 문학을 '놀이'로 생각했던 것 같다. 좋아하는 것은 굳이 따로 공부할 필요가 없다고 생각했던 시절. 좋아하는 것은 그저 아끼고 즐기고 사랑하면 그만이라고 생각했기 때문일 것이다.

그래서인지 '국어' 문제집을 풀 때는 아무렇지도 않았지만, '문학' 참고서를 볼 때는 왠지 뒤통수가 켕겼다. 문학을 꼭 이런 복잡한 오지선다형 문제로 풀어야 하나? 이런 반항심이 들었던 것이다.

그런데 시간이 지나면서 문학이야말로 공부할수록 더욱 신명나게 즐길 수 있음을 알게 되었다. 사실 나는 문학을 오랫동안 짝사랑해 왔으면서도 문학을 '전공'하는 것은 왠지 망설여졌다. 문학은 나에게 세상 밖으로 숨고 싶을 때마다 언제든 마지막 안식처가 되어 주었기 때문이다. 마지막 안식처를 '업'으로 삼는다면, 만약 그곳에서 도망쳐야 한다면 어디로 갈 수 있겠는가. 그런 두려움 때문에 나는 문학으로부터 한사코 도망치려 한 적이 있었다. 하지만 그것은 기우였다. 문학을 '업'으로 삼더라도, 문학은 나에게 변함없이 '든든한 백'이 되어 주었고 영혼의 피난처가 되어 주었다. 그리고 무엇보다도 문학은 나에게 매번 새로운 표정으로 삶을, 세상을, 인간을 사랑하는 법을 깨닫게 해 주었다.

이 책을 통해 나는 나를 변함없이 매혹시키는 문학의 힘을 '문학과 담 쌓고 살고 싶은 사람들'과도 나누고 싶다. 단지 문학적 교양을 얻기 위해 어려운 문학 이론서를 파고드는 것은 생각보다 훨씬 어렵다. 어려운 학술 용어나 철학적 개념 때문만은 아니다. 동서양의 수많은 문학 이론서들은 그 나름의 역사적 맥락을 지니고 있기에 그들의 이론을 곧바로 우리의 문학, 지금의 문학에 적용하기 어렵기 때문이다. 어떤 문학 이론이 화려하고 치밀하다 해도 막상 지금-여기의 문학에 적용하려 하면 그 문화적 격차, 사회적 격차가 느껴지게 마련이다.

  이 책은 문학 참고서와 문학 이론서 '사이'에 위치하고자 한다. 문학 참고서처럼 마음먹고 '학습'하는 문학이 아니라, 문학 이론서처럼 전문가들 위주의 고차원적 접근이 아니라, 지금-여기의 우리 일상 속에서 문학과 친구가 되는 법을 고민하고자 한다. 문학은 씹을수록 맛있는 음식이고, 만날수록 새로운 장점을 발견하게 되는 멋진 친구다. 문학은 다가갈수록 아름다운 풍경이고, 즐길수록 더욱 사랑스러워지는 음악이다. 문학 속에 숨겨진 각종 '코드'를 제대로 이해할 수만 있다면, 문학과 친해지는 것은 결코 어려운 일이 아니다.

  이 책은 문학이라는 거대한 보물섬을 탐험하기 위한 가이드북이자 휴대용 지도가 될 수 있을 것이다. 문학이 좋긴 하지만 왠지 부담스러운 독자들에게, 문학이 좋진 않지만 왠지 모른 척할 수 없는 독자들에게, 이 책이 문학과 친구가 되는 법, 문학과 연애하는 법을 알려 주는 다정한 멘토가 되기를 바란다.

  이 책은 나를 문학의 언저리에 서성이게 했던 수많은 인연들에 감사하는 힘으로 만들어졌다. 고등학교 때 문학 시간만큼은 '공부'가 아니라 '자유'라고 느끼도록 내버려 두셨던 이성권 선생님과 양덕모 선생님, 외국어에 대한 두려움 때문에 독문학에서 도망쳤지만 그런 철없는 제자를 멀리서도 따뜻한 시선으로 지켜봐 주셨던 안삼환 선생님과 임홍배 선생님, 천지분간 못하고 떠돌던 나를 계속 '문학의 베이스캠프'로 이끌어 주셨던 권영민 선생님께 감사드린다. 내가 이런 글을 쓸 수 있도록 소중한 인연의 네트워크를 제공해 주신 윤소현 님, 길어진 집필 기간 동안 변함없는 응원과 날카로운 혜안으로 원고를 끝까지 다듬어 주신 박숙희 님께도 감사드린다. 독서는 몸서리치게 싫어하지만 '언니 목소리로 책 내용을 이야기해 주는 것'은 무조건 좋다는 내 동생 상은이, 아무리 덥거나 추운 날에도 내 책이 나온 날에는 굳이 오프라인 서점에 나가 직접 책을 사 보는 내 동생 고은이에게 이 책을 바친다. 하필이면 '실용성'을 찾기 힘든 문학을 선택해 마음 고생이 컸던 부모님께 늘 감사드린다. 이 일이 대단해서가 아니라 이 일을 내가 하고 있다는 이유만으로도 늘 존중해 주시는 부모님 덕분에 나는 외롭지 않았다. 가끔은 월급의 절반이 훌쩍 넘는 돈을 딸들의 책값에 써 주신 아버지 덕분에 나는 아무리 책을 읽어도 질리지 않는, 행복한 '책 읽는 바보'가 되었다. 나의 소울메이트 이승원, 그와 나는 문학이 우리를 선택하지는 않았지만 우리가 굳이 문학을 선택했다는 사실에 무작정 감사하며 살아간다. 우리의 사랑스런 문학은 팜파탈처럼 모든 이의 짝사랑을 공평하게 거부한다.

2012년 1월
정여울

| 차례 |

개정증보판을 펴내며 · 4
초판 서문 · 6

| 1부 |
문학의 역할

금기를 넘어 욕망을 감싸 안다 · 15
갈 곳 없는 영혼의 안식처 · 23
타인의 슬픔에 공명하다 · 30
내가 누구인지 말할 수 있는 자는 누구인가 · · · · · · · · · · · 36
죽음이 우리에게 가르쳐 주는 것들 · · · · · · · · · · · · · · · · · · 43
세상의 모든 생물, 모든 사물과 교감하다 · · · · · · · · · · · · · 50

| 2부 |
문학의 기법

고전은 왜 끊임없이 패러디되는가? ─ 패러디의 마법 · · · · · · · · · 59
여섯 살 옥희의 눈에 비친 세상 ─ 시점의 마술 · · · · · · · · · · · · · 69
인간의 탈을 쓴 동물 ─ 의인화, 혹은 우화적 상상력 · · · · · · · · · 81
하늘의 별이 튀밥 같다고? ─ 창조의 도구, 은유와 직유 · · · · · · · 93
그들은 왜 걸핏하면 '방앗간'을 찾을까? ─ 상징의 신비로운 힘 · · · · · · 106
어쩐지 너무 운수가 좋다 했더니 ─ 아이러니, 반대로 말하기, 혹은 뜻대로 되지 않기 · 115
소인국은 그저 소인국이 아니다 ─ 다르게 말하기, 알레고리의 힘 · · · · · · 128

| 3부 |
문학의 내용

방자, 골룸, 동키, 큐피드의 공통점은? — 트릭스터의 유쾌한 반란 · · · · · · · 139

저 녀석만 없으면 주인공이 행복할 텐데 — 악당, 악마, 악녀 · · · · · · · · · 149

또 기억 상실증? — 잃어버린 시간을 찾는 모험 · · · · · · · · · · · · · · · · 157

그곳이 평사리여야만 하는 이유 — 욕망을 창조하는 공간의 힘 · · · · · · · 169

비극적인 '비', 에로틱한 '비' — 피할 수 없는 날씨의 운명 · · · · · · · · · · 184

어떻게 먹을 것인가, 누구에게 먹일 것인가? — 생명과 생존에 대한 강력한 은유, 음식 · 192

벤자민 버튼의 시간이 거꾸로 흐른 까닭은? — 문학 속 환상 · · · · · · · · 202

견딜 수 없는 슬픔의 역할 — 트라우마, 위대한 유산 · · · · · · · · · · · · · 214

영웅은 왜 과도한 시련을 겪는가? — 알을 깨는 통과의례 · · · · · · · · · · 225

위대한 '가출'의 주인공들 — 자기 정체성을 발견하는 여정 · · · · · · · · · 236

세상 모든 것이 한순간에 사라진다면? — 문학 속의 대재앙 · · · · · · · · · 248

사랑의 혁명적 힘 — 문학의 영원한 테마, 러브스토리 · · · · · · · · · · · · 258

'운명의 굴레'를 벗어난 여성들 — 문학 속의 여걸들을 찾아서 · · · · · · · 269

참고문헌 · 279

일러두기

— 인용문은 이 책의 띄어쓰기 및 표기 원칙에 따르지 않고 원문 그대로 두었다. 번역서의 경우 원문과 대조해 필요에 따라 번역을 수정하였다.

— 책, 시집은 『』로 표시했고, 작품은 「」로 표시했다. 같은 작품일지라도 글을 나타낼 때는 「」, 책을 나타낼 때는 『』로 표시했다. 영화나 노래, 판소리 제목은 〈 〉로 표시했다.

| 1부 |
문학의 역할

금기를 넘어
욕망을 감싸 안다

금지된 것들을 꿈꾸는 주인공들

이 세상이 온통 검정색과 흰색으로만 이루어져 있다면 어떨까? 이 세상의 모든 질문에 오직 '예'와 '아니요'로만 대답해야 한다면 어떨까? 우리의 삶에서 '만약'으로 시작되는 상상이 없어진다면 어떨까? 그저 주어진 삶에만 충실해야 하고, 모든 의문에는 참과 거짓 둘 중 하나로만 대답해야 하고, 학교에서 배운 것만이 지식의 전부라면 어떨까? 인간이 지을 수 있는 표정이 단지 슬픔과 기쁨뿐이라면, 사물의 가치를 결정하는 기준이 오직 좋음과 나쁨뿐이라면 어떨까?

아마 이러한 흑백논리가 지배하는 세상에서는 '문학'이 가장 불필요한 존재가 될지도 모른다. 문학은 흑과 백으로는 설명할 수 없는, 이 세상의 수많은 다른 색들에 대해 이야기하는 존재이기 때문이다. 문학은 '예/아니요'로 딱 잘라 말할 수 없는, 이 세상의 수많은 가능성에 대해 고민하는 존재다. 나아가 문학은 '좋음과 나쁨'으로만 판가름할 수 없는 세상의 수많은 가치들을 사랑하는 존재다. 문학은 인간이 꿈꿀 수 있는 그 모든 '만약'을 향하여 '정답은 없다'고 대답한다. 문학은 단 하나의 정답으로만 존재할 수 없는 우리의 다채로운 삶을 담아내는, 크기도 모양도 일정하지 않은 그릇이다.

강신재의 「젊은 느티나무」(1960)는 여고생 숙희의 슬프고도 아름다운 첫사랑의 고백이다. 그녀는 의붓오빠를 사랑하게 되어 버린 자신의 비밀을 세상 그 누구에게도 말하지 못한다. 신사적인 계부와 자상한 엄마 사이에서 부족할 것 없이 살아가는 숙희는 자신 앞에 찾아온 '불가능한' 사랑 앞에서 절망한다. 자신이 사랑하는 한 남자일 뿐인 '현규'를 '오빠'라고 불러야 하는 것이야말로 그녀에게는 뼈아픈 고통이다. 그러나 이 비극적인 사랑은 아직은 10대 소녀에 불과한 숙희에게는 '금기'이기 이전에 '환희'이다. 그것은 혼자만의 가슴앓이가 아니라 오빠 현규 또한 느끼고 있는 달콤한 설렘이다.

어색하고 두렵지만 서로를 향해 한 걸음 한 걸음 다가가는 두 사람의 가슴 시린 사랑을 묘사한 「젊은 느티나무」. 이 작품은 전적으로 숙희의 입장에서 쓰여진 1인칭 고백 형식의 소설이다. 아무에게도 고백할 수 없는 가슴 아픈 사랑은 오직 소녀의 '비밀 일기' 속에서만 가냘프게 숨 쉴 수 있는 것일까? 하지만 「젊은 느티나무」는 전혀 비극적이거나 우울한 분위기가 아니라, 상큼하고 쾌활한 분위기로 가득 차 있다. 아직 무언가를 '결정'하기보다는 그것이 거짓 없는 사랑임을 깨닫는 '과정' 자체가 소설의 주요 얼개이기 때문이다.

이 소설은 "그에게는 언제나 비누 냄새가 난다"라는 감각적인 문장으로 시작된다. 아직 여고생인 숙희와 이제 막 대학생이 된 현규 사이에서 일어나는 감정의 잔물결은 아주 사소한 일상적 에피소드에서 빛을 발한다. 둘이 함께 테니스를 치다가 약숫물을 떠먹는 장면에서 두 사람의 미묘한 교감이 스쳐 간다. 현규는 "허리를 굽혀 표주박으로 물을" 떠서 "그것을 내 입가에 대어 주었"고, 나는 조심스럽게 "아주 조금만" 그 물을 마신다. 그러자 "그는 나머지를 천천히 자기가 마셨"고, 둘 사이에는 팽팽한 긴장감과 어색한 떨림이 감돈다. 숙희의 마음속에서는 혼란과 기쁨의 감정이 교차한다.

그날 밤 숙희는 불 꺼진 자신의 창문을 한참 동안 물끄러미 바라보고 있는 현규의 모습을 본다. 그가 '나'의 창문을 바라보고 있다는 것을 알면서도 숙희는 불을 켜지 않는다. "나는 어느때까지나 불을 켜지 않았다. 저녁을 먹으러 내려가지도 않았다. 그 대신에 그가 마시다 만 코오크의 잔을 집어 들었다. 그리고 가만히 입술을 대었다. 아까 그가 내가 마신 표주박에 입술을 대었듯이." 그녀가 마셨던 표주박에 그의 입술이 닿고, 그가 마셨던 콜라 잔에 그녀의 입술이 닿는다. 그렇게 아슬아슬하고 안타까운 설렘으로, 그들은 서로의 사랑을 확인한다.

여기서 우리는 '금기'라는 가장 문학적인 테마와 만나게 된다. 사랑할 수 있는 대상과 사랑해서는 안 되는 대상을 가르는 기준은 뭘까? 할 수 있는 행동과 해서는 안 되는 행동을 구별하는 기준은 뭘까? 그 기준을 만드는 사람은 누구인가? 그 기준에 복종해야 하는 이유는 무엇인가? 우리는 이러한 복잡하고도 치명적인 문제들을 질문할 수 있다. 교과서나 법률은 이러한 사회적 금기에 대해 딱딱한 어조로 '무조건 안 된다'는 선언으로 일관한다.

하지만 문학은 이 엄숙한 가면을 벗고 좀 더 솔직하고 친밀한 어조로 우리에게 말을 건다. 어린 시절 우리는 대부분 한 번쯤 엄마 같은 여자와 결혼하고 싶은 아들이었고, 아빠 같은 남자와 결혼하고 싶은 딸이었다. 때로는 사촌오빠나 사촌누이도 은밀한 동경의 대상이 되곤 한다. 어린 시절 우리의 눈앞에 놓인 가장 멋진 이상형이 엄마 혹은 아빠, 형제자매들이기 때문에 그것은 당연한 현상일지도 모른다. 그런데 왜 우리는 어른이 되어 가면서 자연스럽게 엄마나 아빠가 '아닌' 완전한 '타인'을 사랑해야 한다는 규범을 습득하게 되는 것일까?

문학은 이러한 '금기'에 대한 질문에 완전한 정답을 제시하지 않는다. 세상에는 금기를 모범적으로 준수하는 사람도 있고, 금기를 뛰어넘는 사람도 있다. 문학은 그것을 다채로운 에피소드를 통해 보여 준다. 이렇듯 사회가 우리에게 금지하는 것들에 대한 개인의 느낌을 고백할 수 있는, 세상 모든 사람들의 비밀 일기. 그것이 바로 문학이다.

마음속 비밀의 보물 창고

경성학교 영어 교사 이형식은 오후 두시 사년급 영어 시간을 마치고 내려쪼이는 유월 볕에 땀을 흘리면서 안동 김장로의 집으로 간다. 김장로의 딸 선형(善馨)이가 명년 미국 유학을 가기 위하여 영어를 준비할 차로 이형식을 매일 한 시간씩 가정교사로 고빙하여 오늘 오후 세시부터 수업을 시작하게 되었음이라. 이형식은 아직 독신이라, 남의 여자와 가까이 교제하여 본 적이 없고 이렇게 순결한 청년이 혼히 그러한 모양으로 **젊은 여자를 대하면 자연 수줍은 생각이 나서 얼굴이 확확 달며 고개가 저절로 숙여진다.** 남자로 생겨나서 이러함이 못생겼다면 못생겼다고도 하려니와, 여자를 보면 아무러한 핑계를 얻어서라도 가까이 가려 하고, 말 한마디라도 하여 보려 하는 잘난 사람들보다는 나으리라. 형식은 여러 가지 생각을 한다. 우선 처음 만나서 어떻게 인사를 할까. 남자 남자 간에 하는 모양으로, '처음 보입니다. 저는 이형식이올시다' 이렇게 할까. 그러나 잠시라도 나는 가르치는 자요, 저는 배우는 자라, 그러면 미상불 무슨 차별이 있지나 아니할까. 저편에서 먼저 내게 인사를 하거든 그제야 나도 인사를 하는 것이 마땅하지 아니할까. 그것은 그러려니와 교수하는 방법은 어떻게나 할는지. 어제 김장로에게 그 청탁을 들은 뒤로 지금껏 생각하건마는 무슨 묘방이 아니 생긴다. 가운데 책상을 하나 놓고, 거기 마주앉아서 가르칠까. **그러면 입김과 입김이 서로 마주치렷다. 혹 저편 히사시가미**(양갈래로 딴 머릿단)**가 내 이마에 스칠 때도 있으렷다. 책상 아래에서 무릎과 무릎이 가만히 마주 닿기도 하렷다. 이렇게 생각하고 형식은 얼굴이 붉어지며 혼자 빙긋 웃었다.** 아니 아니? 그러다가 만일 마음으로라도 죄를 범하게 되면 어찌하게. 옳다? 될 수 있는 대로 책상에서 멀리 떠나 앉겠다. **만일 저편 무릎이 내게 닿거든 깜짝 놀라며 내 무릎을 치우리라. 그러나 내 입에서 무슨 냄새가 나면 여자에게 대하여 실례라, 점심 후에는 아직 담배는 아니 먹었건마는, 하고 손으로 입을 가리우고 입김을 후 내어 불어 본다.** 그 입김이 손바닥에 반사되어 코로 들어가면 냄새의 유무를 시험할 수 있음이라. 형식은, 아뿔싸! 내가 어찌하여 이러한 생각을 하는가, 내 마음이 이렇게 약하던가 하면서 두 주먹을 불끈 쥐고 전신에 힘을 주어 **이러한 약한 생각을 떼어 버리려 하나, 가슴속에는 이상하게 불길이 확확 일어난다.** 이때에,

"미스터 리, 어디로 가는가."

하는 소리에 깜짝 놀라 고개를 들었다. 쾌활하기로 동류간에 유명한 신우선(申友善)이가 대팻밥 모자를 갖춰 쓰고 활개를 치며 내려온다. **형식**

은 자기 마음속을 꿰뚫어보지나 아니한가 하여 두 뺨이 한번 더 후끈하는 것을 겨우 참고 지어서 쾌활하게 웃으면서, "오래 막혔구려" 하고 손을 잡아 흔들었다.

—이광수, 『무정』에서(※강조는 인용자)

우리 사회의 성교육은 아직도 수줍거나 위선적이다. 부모들은 아이들이 성에 대해 너무 강한 호기심을 가지지 않을까 두려워하고, 학교는 여전히 아이들이 성(性)에 대해 자유롭게 이야기하기에 민망한 공간이다. 영화나 드라마는 성에 대한 다채로운 묘사를 제공해 주긴 하지만, 모든 것을 생생한 이미지로 '보여 주기' 때문에 오히려 우리의 상상력을 제약하기도 한다.

문학은 타인의 성생활을 '문자'로 재현한다. 문자로 재현된 성은 동영상 이미지처럼 노골적이지 않은 대신, 갖가지 은유와 상징으로 인간의 창조적인 상상력을 자극한다. 입말로 풀어내기에는 어색한 이야기를 문학은 활자를 통해 거침없이 재현할 수 있다. 수치나 금기에 갇혀 있던 인간의 성(性)은 문학 작품을 통해 한없이 다양한 상상력으로 거듭난다. 성은 숨겨야 하는 특별한 무엇이 아니라 누구에게나 소중하고 은밀한, 그래서 아름다운 비밀일 수 있다. 그리고 우리는 그것을 문학 작품을 통해 배운다.

「무정」의 첫 장면은 이렇게 가정교사 이형식과 여학생 김선형의 가슴 떨리는 첫 만남에 대한 '상상'으로 진행된다. 아직 한 번도 여자를 제대로 사귀어 보지 못한 순진한 청년 이형식은 '가르쳐야 한다'는 의무감보다는 그녀가 '여학생'이라는 사실에 더욱 예민하게 반응한다. 젊은 여자를 대하면 너무 수줍은 나머지 얼굴이 확확 달아오르며 고개가 저절로 숙여지는 청년 이형식. 그는 그녀와의 첫 만남에서 자리 배치를 어떻게 할지 고민한다. 가르치는 내용에 대한 걱정보다도 첫 만남의 설렘으로 그의 가슴은 부풀어 오른다. 책상 하나를 놓고 마주 앉아서 가르치면 입김과 입김이 서로 마주치겠지? 소녀의 머리카락이 내 이마에 스치겠지? 책상 아래에서 무릎과 무릎이 닿기도 하겠지? 이런 감각적인 '상상'만으로 형식은 얼굴이 발개지며 혼자 웃음을 머금는다.

 이렇듯 우리는 형식의 마음속 행로를 따라가며, 첫사랑의 설렘과 육체적 흥분을 마음껏 은밀하게 즐길 수 있다. 문학은 언제나 '1대 1'의 만남이기에, 우리는 붉어지는 얼굴을 타인에게 들키지 않고도 사랑과 성에 대한 도발적인 상상력을 마음껏 발휘할 수 있는 것이다. 문학은 무엇보다도 '사랑'을 배우는 풍요로운 학습의 장이다.

갈 곳 없는
영혼의 안식처

끝없이 성장하는 인간을 위한 통과의례

문학소녀, 문학소년, 문학청년이라는 말은 있지만, 문학 아줌마, 문학 아저씨, 문학 장년, 문학 노년이라는 말은 없다. 왜 그럴까?

문학은 아직 우리의 사유가 완전히 고정되지 않은 시기, 특히 사춘기의 정서와 밀접한 관계가 있다. 10대와 20대야말로 문학이 우리의 세계관에 가장 깊은 영향을 줄 수 있는 시기이기 때문이다. 우리의 사유가 견고한 대리석이 아니라 말랑말랑한 찰흙 같은 시기, 조금만 물을 뿌려 매만져 주면 언제든 새로운 예술 작품이 될 수 있는 시기. 그 시기가 바로 10대와 20대다. 특히 우리의 10대는 입시 경쟁과 신체적·정신적 성장통이 함께 하는 시기다. 어렵고 힘들지만 그만큼 인생에 대한 기대와 희망이 가장 큰 시기도 10대다.

사춘기의 방황을 어떻게 견뎌 내는가에 따라 우리의 삶은 천차만별로 달라질 수 있다. 인생에 대한 깊은 성찰로 가득 찬 문학 작품을 10대에 읽는 것이 어렵고 힘든 일일 수 있다. 그러나 그 잠깐의 괴로움을 통과하면, 우리는 예전에 경험해 보지 못한, 새로운 차원의 삶을 경험할 수 있다. 문학은 깊이와 넓이를 알 수 없는 동굴을 닮았다. 그 신비로운 동굴에서 빠져나오면 힘겹게 통과의례를 거친 뒤의 짜릿한 환희를 느낄 수 있을 것이다. 흔히 '인생은 고해(苦海)다'라는 말들을 많이 하지만, 이 고난의 바다를 헤쳐 갈 수 있는 상상의 열쇠를 제공하는 것이야말로 문학이 아닐까.

「나의 라임 오렌지나무」(1968)의 제제는 어려운 집안 형편 때문에 멋진 크리스마스 선물도 받지 못하고, 원하는 장난감도 갖지 못한다. 모두들 제제의 발칙한 장난기를 걱정하며 야단치지만, 정작 제제가 가지고 있는 상상력과 재능은 알아보지 못한다. 하지만 제제에게는 비밀스런 친구들이 있다. 뽀르뚜가 아저씨는 생활의 고통에 찌든 제제의 부모님이 미처 발견하지 못한 제제의 총명함과 사랑스러움을 알아본다. 뽀르뚜가 아저씨와 나누는 우정 속에서 나날이 밝아지는 이 소년에게 비밀을 털어놓을 수 있는 존재는 사람이 아니라 라임 오렌지나무, 밍기뉴다. 제제의 실제 생활은 힘겹고

고달프지만 밍기뉴와 나누는 상상의 대화 속에서, 뽀르뚜가 아저씨와 나누는 우정 속에서 제제는 세상에서 가장 행복한 소년이 된다. 자신을 둘러싼 환경에 아무런 희망도 가질 수 없었던 제제에게, 피 한 방울 섞이지 않은 뽀르뚜가 아저씨는 부모보다도 스승보다도 더 친밀하고 애틋한 존재가 되어 준다. 그리고 아무리 어려운 난관에 처하더라도 세상에는 그것을 극복할 수 있는 소중한 '꿈'과 '사랑'이 있음을 가르쳐 준다. 가장 사랑하는 것을 잃고, 가장 아끼는 것을 잃은 후에도 여전히 우리의 삶은 지속되어야 함을, 「나의 라임 오렌지나무」는 슬프고도 아름다운 문체로 속삭여 준다.

「키다리 아저씨」(1912)의 주디는 고아지만, 한 달에 한 번 후원인에게 편지를 쓰는 조건으로 대학에 가게 된다. 주디는 자신의 학비와 생활비를 후원해 주는 이 천사표 후원인에 대해 확실히 아는 것이 없다. 그녀가 아는 최소한의 정보는 단지 그가 키가 크고 부자라는 것. 그러나 주디는 이 후원인의 기막힌 제안, 즉 한 달에 한 번 자신에게 편지를 써 준다면 대학에 다닐 수 있게 해 준다는 조건을 성실하게 이행한다. 적어도 편지를 쓰는 순간, 주디는 그 편지의 수신자가 세상에서 가장 친밀한 존재인 듯 미주알고주알 자신의 일상과 공부 이야기를 들려준다. 그녀의 편지를 읽는 것만으로도 우리는 그녀가 어떻게 지혜로운 숙녀로 성장해 가는지를 생생하게 이해할 수 있다.

오후 9시 45분

저는 새로 한 규칙을 세웠습니다. 아침에 아무리 많은 숙제가 밀리게 되더라도 밤에는 학교 공부를 하지 않기로 했답니다. 대신 교양 서적을 읽고 있습니다. 아저씨도 아시다시피 18년의 공백기를 가졌기 때문에 저는 이렇게 많은 책들을 읽지 않으면 안 됩니다. 아저씨는 제가 얼마나 무지한지 짐작도 못 할 겁니다. 저도 이제 저의 무식의 심연을 느끼고 있습니다. 적당히 조화된 가족과 집, 그리고 친구와 서재를 갖고 있는 대부분의 소녀라면 당연히 알고 있는 것들을 저는 한번도 들어본 적이 없답니다.

—진 웹스터, 『키다리 아저씨』에서

주디는 고아원에서 힘겹게 보낸 지난 18년을 '마치 비어 있는 시간'처럼 공허하고 안타깝게 여긴다. 바깥세상에 나와서 만나는 모든 사물들이 그녀에게는 새롭고 풍요로운 자극이 된다. 이 세상 모든 사람과 사물과 언어에 대한 무한한 호기심. 가정이나 학교에서 배우는 지식만으로는 이해할 수 없는 무한한 현상들이 이 세상에 존재한다는 것을 깨닫는 것. 이 순수한 호기심과 세계에 대한 탐구열이야말로 문학을 창조하고 문학을 향유하는 정신이 아닐까. 주디가 읽고 싶어 하는 책들은 대부분 문학 작품이며, 그녀는 그 작품들을 통하여 자신이 결코 알지 못했던 세상의 비밀에 대해 조금씩 접근해 간다.

영혼의 성장을 위한 비타민

세상이라는 커다란 미로를 헤쳐 나가기 위하여 필요한 갖가지 상상력과 지식의 보물 창고. 인간이 단순한 육체적 성장이 아니라 영혼의 성장을 위해 섭취해야 할 정신적 비타민. 그것이야말로 동서고금의 수많은 문학 작품들인 것이다.

> 외할머니네 집 뒤안에는 장판지 두 장만큼한 먹오딧빛 툇마루가 깔려 있습니다. 이 툇마루는 외할머니의 손때와 그네 딸들의 손때로 날이날마다 칠해져온 것이라 하니 내 어머니의 처녀 때의 손때도 꽤나 많이는 묻어 있을 것입니다마는, 그러나 그것은 하도나 많이 문질러서 인제는 이미 때가 아니라, 한 개의 거울로 번질번질 닦이어져 어린 내 얼굴을 들이비칩니다.
> 그래, 나는 어머니한테 꾸지람을 되게 들어 따로 어디 갈 곳이 없이 된 날은, 이 외할머니네 때거울 툇마루를 찾아와, 외할머니가 장독대 옆 뽕나무에서 따다 주는 오디 열매를 약으로 먹어 숨을 바로 합니다. 외할머니의 얼굴과 내 얼굴이 나란히 비치어 있는 이 툇마루까지는 어머니도 그네 꾸지람을 가지고 올 수 없기 때문입니다.
>
> —서정주, 「외할머니의 뒤안 툇마루」

우리는 삶에서 만나는 갖가지 장애물과 혼돈과 고통을 피해 갈 수 없다. 하지만 저마다 인생의 장애물과 힘겨운 전투를 벌인 끝에 찾아갈 안식처는 만들 수 있다. 이 시는 그 정겨운 안식처를 아늑하고 유머러스하게 그리고 있다. 어머니께 꾸지람을 듣고 숨을 곳이 없을 때 이 소년이 달려가는 곳은 외할머니 댁의 툇마루다. 아파트로 획일화된 현대 사회에서는 거의 사라져 버린 곳이지만, 툇마루는 집 안과 집 밖을 이어 주는, 경계 같은 곳이다. 엄마에게 꾸지람을 들은 소년은 잔뜩 주눅이 들어 두려움에 떨며 외할머니 댁으로 달려온다. 소년은 툇마루를 보는 순간, 마음이 누그러진다. 외할머니 옆에 찰싹 달라붙은 아들의 얼굴을 보면 엄마가 계속 꾸짖을 수 없다는 것을 소년은 본능적으로 알아챈 것이다.

  독자는 이 시를 통해 저마다 자기만의 마음의 안식처를 상상할 수 있다. 급격히 도시화되어 가는 현대 사회에서 도시인들은 하나같이 정신의 휴식을 갈망한다. 하지만 정작 그들이 돌아갈 수 있는 영혼의 고향은 거의 남아 있지 않다. 고향의 모습은 변하지만, 문학은 변치 않는 얼굴로 우리의 영혼을 다독여 준다. 우리는 문학 작품을 통해 세월의 풍파를 견디고, 여전히 남아 있는 우리의 정신적 고향들을 만날 수 있다.

타인의 슬픔에
공명하다

고통을 치유하는 종합병원

문학은 개인의 고통을 공동체의 문제로 공유하는 예술적 소통 행위다. 문학 속에는 수많은 질병과 정신적 고통에 시달리는 주인공들이 등장한다. 그들의 아픔은 고립된 개인의 아픔이 아니라 우리 사회가 함께 고민하고 보듬어야 할 고통이다. 문학 속에 등장하는 수많은 육체적 질병과 정신적 질환을 통해 우리는 깨닫는다. 병은 아주 특별한 경우에만 생기는 것이 아니라 누구에게나 언제라도 일어날 수 있는 재난임을, 그리고 우리가 살아가고 있는 사회 자체가 커다란 종합병원을 닮았음을. 갖가지 구조적인 병폐와 모순으로 얼룩진 사회는 그로 인해 고통스러워하는 수많은 사람들을 어둠 속에 방치한다.

현진건의 「운수 좋은 날」(1924)에서 김 첨지의 아내는 약값을 마련하지 못해 죽었으며, 김동인의 「감자」(1925)에서 복녀 또한 가난 때문에 팔려 가 비극적인 최후를 맞는다. 이범선의 「오발탄」(1959)에서 이 가족을 가난과 질병의 고통 속으로 몰아넣은 것은 전쟁이었으며, 「레 미제라블」(1862)의 청년 장 발장은 배고픔 때문에 빵 한 조각을 훔친 죄로 무려 19년 동안 감옥살이를 한다.

살구나무 그늘로 얼굴을 가리고, 병원(病院) 뒤뜰에 누워, 젊은 여자(女子)가 흰옷 아래로 하얀 다리를 드러내놓고 일광욕(日光浴)을 한다. 한나절이 기울도록 가슴을 앓는다는 이 여자(女子)를 찾아오는 이, 나비 한 마리도 없다. 슬프지도 않은 살구나무 가지에는 바람조차 없다.

나도 모를 아픔을 오래 참다 처음으로 이곳에 찾아왔다. 그러나 나의 늙은 의사는 젊은이의 병(病)을 모른다. 나한테는 병(病)이 없다고 한다. 이 지나친 시련(試鍊), 이 지나친 피로(疲勞), 나는 성내서는 안 된다.

여자(女子)는 자리에서 일어나 옷깃을 여미고 화단(花壇)에서 금잔화(金盞花) 한 포기를 따 가슴에 꽂고 병실(病室) 안으로 사라진다. 나는 그 여자(女子)의 건강(健康)이─아니 내 건강(健康)도 속(速)히 회복(回復)되기를 바라며 그가 누웠던 자리에 누워본다.

—윤동주, 「병원」

　윤동주의 「병원」은 타인의 고통에 공감하는 것이야말로 문학의 힘임을 보여 준다. 어느 젊은이가 원인 모를 통증을 오래 참다가 간신히 용기를 내어 병원을 찾는다. 그러나 의사는 과학의 눈으로는 젊은이의 질병을 발견할 수 없다. 의학의 시선에 비친 젊은이의 신체는 아무 문제가 없다. 의사는 인간의 '질병'에는 관심이 있지만 질병을 넘어선 인간의 '고통'에는 관심이 없다. 젊은이는 병원 뒤뜰에서 가슴앓이를 하고 있는 여인을 만난다. 아무도 그녀를 찾지 않는다고 한다. 그 누구와도 고통을 나눌 수 없는 그 여인을 보며, '나'는 그녀의 아픔이 자신의 아픔을 닮았다고 느낀다. 의사가 이해해 주지 못하는 그 고통을, 그녀만은 알아줄 것 같다. 그래서 그는 꽃 한 송이를 가슴에 꽂고 병실로 사라진 그녀가 누웠던 자리에 가만히 누워 본다.

　바로 여기, 타인의 고통이 머물렀던 자리에 내 몸을 겹쳐 보는 것, 타인의 슬픔을 단지 동정하거나 연민하는 것이 아니라, 그 아픔의 심연에 자신의 몸을 던져 넣는 것. 그곳이야말로 문학이 탄생하는 자리다.

　젊은이는 자신의 병이 신체의 질환이 아니라 마음의 병임을 알고 있다. "이 지나친 시련, 이 지나친 피로"가 그의 정신을 좀먹고 병들게 했음을 알고 있는 것이다. 젊은이의 병을 스스로 깨닫게 만드는 여인이야말로 의사보다 더 강력한 마음의 치유제가 된다. 타인의 고통과 나의 고통을 분리하지 않고, 타인의 고통 속에 나의 고통을 포개 넣는 것이야말로 문학의 해방적 에너지일 것이다.

너의 아픔과 나의 아픔은 소통한다

> 나는 이제 너에게도 슬픔을 주겠다.
> 사랑보다 소중한 슬픔을 주겠다.
> 겨울밤 거리에서 귤 몇 개 놓고
> 살아온 추위와 떨고 있는 할머니에게
> 귤값을 깎으면서 기뻐하던 너를 위하여
> 나는 슬픔의 평등한 얼굴을 보여주겠다.
> 내가 어둠 속에서 너를 부를 때
> 단 한번도 평등하게 웃어주질 않은
> 가마니에 덮인 동사자가 다시 얼어죽을 때
> 가마니 한 장조차 덮어주지 않은
> 무관심한 너의 사랑을 위해
> 흘릴 줄 모르는 너의 눈물을 위해
> 나는 이제 너에게도 기다림을 주겠다.
> 이 세상에 내리던 함박눈을 멈추겠다.
> 보리밭에 내리던 봄눈들을 데리고

추위 떠는 사람들의 슬픔에게 다녀와서
눈 그친 눈길을 너와 함께 걷겠다.
슬픔의 힘에 대한 이야기를 하며
기다림의 슬픔까지 걸어가겠다.

—정호승, 「슬픔이 기쁨에게」

　인간에게는 자기 보호 본능이 있다. 슬픔 앞에서는 자기도 모르게 몸을 도사리고, 기쁨 앞에서는 한껏 몸을 펼쳐 기쁨의 햇살을 온몸으로 받으려는 것, 그것이 인간의 본능이다. 하지만 물에 빠진 아이를 그냥 지나치지 못하는 것, 추위에 떠는 노파를 못 본 척 지나칠 수 없는 것 또한 인간의 본능이다. 현대 사회는 자기 보호 본능만을 훈련시키고, 타인의 고통을 자기 것처럼 느끼는 공감의 능력을 점점 축소시킨다. 문학은 이러한 상황에서 무엇을 해야 할까?
　「슬픔이 기쁨에게」(1978)는 타인의 고통에 대처하는 현대인의 자세에 대해 깊이 성찰하도록 독자를 이끈다. 이 시는 슬픔의 해방적 힘에 대해 이야기하고 있다. 초반부는 사뭇 공격적이다. 나 또한 "겨울밤 거리에서 귤 몇 개 놓고" 추위에 떨고 있는 할머니에게 귤 값을 깎으면서 기뻐한 적이 있었는지, "가마니에 덮인 동사자"가 얼어 죽을 때 가마니 한 장조차 덮어 주지 않은 무관심의 얼굴이 바로 내가 아니었는지 섬뜩하게 되돌아보게 된다. 어둠 속에서 누군가 나를 부를 때, 나 또한 그 어둠에 전염되지 않을까 두려워 손을 내밀어 주지 않았던 적이 있는가. 나 자신을 보호하는 것만으로도 버거워 타인의 아픔을 외면했던 크고 작은 순간들이 파노라마처럼 스쳐 간다.

억압과 부조리에 맞서는 문학의 에너지

조세희의 「난장이가 쏘아올린 작은 공」(1976)은 산업 사회의 무한 경쟁이 낳은 우리 사회의 타자들을 어루만진다. 이 소설은 산업 사회가 외면한 수많은 난쟁이들의 목소리를 복원하고, 그들이 피땀으로 건설한 사회가 그들을 이방인으로 내모는 냉혹한 현실을 폭로한다.

문학은 우리 사회에 잠재하는 거대한 갈등을 언제나 새로운 언어로 재현한다. 차곡차곡 쌓인 억압의 흔적들이 점차 마그마가 되어 언젠간 폭발해 버릴 수 있음을, 문학은 생생하게 증언한다. 문학은 '사회를 보호해야 한다'는 명목 아래 사회의 수많은 일원들의 자유와 권리를 억압하는 사회의 부조리를 폭로한다. 법률과 제도만으로는 완전히 교통 정리할 수 없는 인간의 다양한 욕망들을 문학은 기꺼이 감싸 안는다. 문학은 사회의 명령에 복종하는 개인뿐 아니라, 사회의 명령에 저항함으로써 그 사회의 부조리를 고발하는 개인을 그려 낸다. 우리는 문학을 통해 단지 '타인'이 아니라 언제든 '나'의 문제가 될 수 있는, 이 사회의 수많은 억압과 부조리를 이해하고, 그에 맞서 싸울 저항의 에너지를 장전하게 된다.

내가 누구인지
말할 수 있는 자는
누구인가

새로운 시간 속으로 여행하는 타임머신

가야 할 때가 언제인가를

분명히 알고 가는 이의

뒷모습은 얼마나 아름다운가.

봄 한철

격정을 인내한

나의 사랑은 지고 있다.

분분한 낙화……

결별이 이룩하는 축복에 싸여

지금은 가야 할 때

무성한 녹음과 그리고

머지않아 열매 맺는

가을을 향하여

나의 청춘은 꽃답게 죽는다.

헤어지자

섬세한 손길을 흔들며

하롱하롱 꽃잎이 지는 어느 날

나의 사랑, 나의 결별

샘터에 물 고이듯 성숙하는

내 영혼의 슬픈 눈.

—이형기, 「낙화落花」

    중학교 교과서에서 이 시를 발견하던 날, 내 가슴은 알 수 없는 설렘과 슬픔으로 가득 찼다. 한 번도 제대로 된 사랑을 해 본 적이 없었지만, 이 시를 읽으니 이미 세상에서 가장 슬픈 사랑과 이별을 맛본 듯한 슬픈 착각이 밀려왔다. 아, 그래, 누군가를 너무나 깊이 사랑하면 그 이별이 얼마나 아플까, 그 아픔을 견디면서 묵묵히 뒤돌아설 수 있으려면 얼마나 큰 용기가 필요할까.

"가야 할 때가 언제인가를 분명히 알고 가는 이의 뒷모습은 얼마나 아름다운가"라는 첫 문장은 마치 대나무로 만든 회초리처럼 내 뒤통수를 내리치는 듯했다. 이 한 줄의 문장만으로 각종 사랑의 산전수전을 충분히 다 겪어 버린 듯했다. 이렇듯 이 시는 우리가 경험해 보지 않은 미래의 이별을 미리 생생하게 체험하게 한다. 자음과 모음으로 이루어진 문장 몇 개가 우리의 삶을 단번에 미래로, 혹은 과거로 데려가 버릴 수 있다.

문학은 이렇듯 우리가 살아가는 현재로부터 우리를 전혀 다른 시간으로 실어 나르는 타임머신이 될 수 있다. 엄청난 과학기술의 발전 없이도, 이미 '문학'을 통해 우리는 수많은 타임머신에 탑승해 본 것이 아닐까.

미지의 세계와 교신하는 통로

어린 시절 엄마 아빠의 목소리로 들려주던 동화들은 하나같이 "옛날 옛적에 어떤 마을에 누가 살았답니다"라는 문장으로 시작되곤 했다. 우리를 '지금, 여기'에서 '그때, 거기'로 데려다 주는 것이야말로 문학의 힘이다. 지금 이곳의 삶은 물론 소중하다. 그러나 오직

현재의 일상에만 틀어박혀 과거도 미래도 상상할 수 없는 삶이란 얼마나 황폐한가.

　문학은 하루하루의 일상을 살기에 바빠 미처 과거와 미래의 삶을 상상할 여유가 없는 우리 인간에게 '상상이라는 가장 큰 휴식'을 선물한다. 우리는 「정글북」(1894)을 통해 동물의 왕국에서 살아간다면 어떨지를 꿈꾸어 보고, 「걸리버 여행기」(1726)를 통해 소인국이나 거인국의 삶을 상상해 보며, 「로빈슨 크루소」(1719)를 통해 무인도에서 혼자 살아가는 상상 속으로 빠져들 수 있다. 우리는 문학 작품을 통해 매일매일 반복되는 현실로부터 잠시 떨어져 새로운 삶을 꿈꿀 수 있다.

　　내 죽으면 한 개 바위가 되리라.

　　아예 애련(愛憐)*에 물들지 않고

　　희로(喜怒)에 움직이지 않고

　　비와 바람에 깎이는 대로

　　억년(億年) 비정(非情)의 함묵(緘默)*에

　　안으로 안으로만 채찍질하여

　　드디어 생명도 망각하고

　　흐르는 구름

　　머언 원뢰(遠雷)*

　　꿈 꾸어도 노래하지 않고

두 쪽으로 깨뜨려져도

소리하지 않는 바위가 되리라.

—유치환, 「바위」

* 애련(哀憐) : 애정과 연민
* 함묵(緘默) : 입을 다물고 말을 아니함
* 원뢰(遠雷) : 멀리서 들리는 천둥소리

만약 내가 살고 있는 집과, 내가 사랑하는 가족과 친구들, 나의 국적과 성별과 직업 모두가 한순간에 사라진다면 어떨까? 내가 나임을 증명할 수 있는 모든 환경들이 사라진다면, 내가 나라는 것을 무엇으로 입증할까? 아무도 나의 얼굴과 나의 목소리를 알아볼 수 없는 곳에 간다면, 우리는 무엇으로 자신의 정체성을 증명할까?

나의 정체성을 찾아 나서다

유치환의 「바위」는 바로 그러한 상황 속에서 인간이 어떻게 자신의 한계를 극복할 수 있는가를 보여 주는 시다. 이 시는 쳇바퀴 돌 듯 살아가는 현대인의 삶을 되돌아보게 한다. 우리는 너무나 많은 사랑과 연민("애련")에 물들어 살아가며, 너무나 자주 기쁨과 슬픔("희로")의 시소게임을 벌인다. 그렇게 정신없이 살다 보면 내가 진정으로 원하는 것이 무엇인지, 나를 나답게 하는 에너지는 도대체 무엇인지 고민할 여유가 점점 없어진다. 우리는 그렇게 어른이 되어 간다. 우리는 이 시의 주인공처럼 "안으로 안으로만 채찍질하여"(수시로 외부의 자극에 흔들리지 않고), "두 쪽으로 깨뜨려져도 소리하지 않는"(우리의 존재가 파괴될까 봐 노심초사하지 않는) 바위 같은 삶을 살 수 있을까?

현대인의 삶은 너무 많은 정보와 너무 강한 자극들로 가득 차 있다. 우리는 끊임없이 쏟아지는 정보와 이미지의 홍수 속에서 도대체 무엇을 지니고 무엇을 버려야 할지 결정하기가 어렵다. 또 바쁜 일상 속에서 아등바등 살아가는 현대인은 '이것이 아닌 다른 삶'을 꿈꿀 여유조차 갖기 어렵다. 우리는 이 시에 등장하는 바위처럼 의젓하게 고독을 견딜 수 있는 에너지를 지니고 있을까?

인간은 주위의 어지러운 비난과 칭찬에서 벗어날 때 진정한 자신과 만날 수 있다. 갖가지 소문과 수다의 그물에서 벗어나야 세계의 진면목을 만날 수 있다. 문학은 이렇듯 우리가 좀처럼 경험하기 어려운 극한 체험으로 우리를 이끈다. 가족도 친구도 직업도 국적도 사라진 공간 속에서, 우리는 무엇을 할 수 있을까?

문학은 '나는 누구인가'를 질문하게 만드는 가장 강력한 스승이자 친구이다. 우리는 아프리카 원주민이 사는 오지에 가지 않고도, 모든 문명의 이기와 결별할 수 있다. 바로 '문학'이라는 멋진 여행을 통해서 말이다. 문학은 '나는 누구인가'를 찾아 떠나는 끝없는 여행이다.

죽음이 우리에게
가르쳐 주는 것들

죽음을 통해 삶의 가치를 배우는 실험실

棺이 내렸다.

깊은 가슴안에 밧줄로 달아내리듯.

주여.

容納하옵소서.

머리맡에 聖經을 얹어주고

나는 옷자락에 흙을 받아

좌르르 하직(下直)했다.

*

그 후로

그를 꿈에서 만났다.

턱이 긴 얼굴이 나를 돌아보고

兄님!

불렀다.

오오냐. 나는 전신(全身)으로 대답했다.

그래도 그는 못들었으리라.

이제

네 音聲을

나만 듣는 여기는 눈과 비가 오는 세상.

　　　　　*

너는

어디로 갔느냐.

그 어질고 안쓰럽고 다정한 눈짓을 하고.

형님!

부르는 목소리는 들리는데

내 목소리는 미치지 못하는.

다만 여기는

열매가 떨어지면

툭하는 소리가 들리는 세상.

―박목월, 「하관」

우리는 삶에 정신을 쏟고 있어 죽음을 상상할 겨를이 별로 없다. 누구나 죽는다는 것을 잘 알고 있지만, 정작 언제 어디서 불현듯 닥칠 수 있는 죽음에 대해 깊이 성찰해 본 기회는 많지 않다. 가까운 이의 죽음을 접했을 때에야 비로소 우리는 죽음을 절실히 생각하게 된다. 그제야 일상의 수레바퀴에 떠밀려 살아가는 삶이 언제든 불시에 끝나 버릴 수 있다는 엄연한 진실을 대면하게 되기 때문이다.

문학 작품 속에는 수많은 사람들의 죽음이 담겨 있다. 그저 '인간은 누구나 죽는다'는 차가운 명제가 아니라, 우리가 그토록 사랑하고 아끼던 인물들이 죽어 가는 모습을 보며, 내가 진정 사랑하는 이가 죽어 가듯 생생한 아픔을 느낀다. 존재의 가장 중요한 부분이 뭉텅 잘려 나가는 느낌, 이 사람이 없다면 내가 어떻게 살 수 있을까 하는 공포, 나 또한 언젠가 그렇게 이 세상과 연결된 끈을 영원히 놓을 수 있다는 사실 앞에 내던져지는 것이다.

문학은 단지 죽음의 공포를 대리 체험하는 장이 아니다. 죽음 또한 삶의 일부임을 배우게 함으로써, 우리에게 죽음에 대처하는 개인의 윤리와 태도를 고뇌하게 만드는 것. 그것이 문학 속의 죽음이 우리에게 가르쳐 주는 것이다. 문학을 통해 그토록 고통스러운 죽음을 체험함으로써, 우리는 지금 우리에게 주어진 삶을 더욱 사랑하는 법을 배운다. 언제 어디서 죽을지도 모르는 인간의 유한한 삶 앞에서 우리는 겸허해진다. 가까운 사람에게 먹었던 모진 마음도, 일상 속에서 느끼는 수많은 분노도 죽음의 상상 앞에서는 한없이 작아지는 체험을 할 수 있다. 문학 속의 죽음을 통해 우리는 삶의 아름다움을 배우고, 죽음 또한 삶이 보듬어야 할 소중한 현실임을 배운다.

죽음의 시뮬레이션

아무런 흔적도 남기지 못하는 죽음만큼 허무한 것이 있을까. 사람들은 자신의 존재가 흔적 없이 사라져 가는 것을 막기 위해 갖가지 기록들을 남긴다. 그것은 유서일 수도 있고 일기일 수도 있다. 하지만 문학은 실제로 존재하지 않는 사람들의 죽음까지도 그려 낼 수 있다. 문학의 힘은 인생을 단지 '개인적인 기록'에 그치지 않고 '집단적인 기억'으로까지 끌어올린다. 예를 들면 다음과 같은 시를 통해서 말이다.

접동
접동
아우래비 접동

진두강 가람가에 살던 누나는
진두강 앞 마을에
와서 웁니다.

옛날, 우리나라

먼 뒤쪽의

진두강 가람가에 살던 누나는

의붓어미 시샘에 죽었습니다.

누나라고 불러 보랴

오오 불설워

시샘에 몸이 죽은 우리 누나는

죽어서 접동새가 되었습니다.

아홉이나 남아 되는 오랩동생을

죽어서도 못 잊어 차마 못 잊어

야삼경(夜三更) 남 다 자는 밤이 깊으면

이 산 저 산 옮아가며 슬피 웁니다.

—김소월, 「접동새」

  이 시에는 '접동새 설화'라는 슬픈 이야기가 얽혀 있다. 10남매를 둔 아버지가 아내를 잃고 재혼을 하는데, 포악한 계모는 아이들을 학대한다. 맏이인 소녀는 어떤 도령과 혼약을 맺고, 이 부잣집 도령은 소녀에게 많은 예물을 보낸다. 이를 시샘한 계모가 소녀를 장롱에 가두고 불을 질러 죽인다. 소녀의 죽은 혼은 잿더미에서 접동새가 되어 날아오른다. 이 접동새가 밤낮으로 슬피 울자, 관가에서 자초지종을 조사해 계모를 잡아 불태워 죽인다. 죽은 계모의 혼은 까마귀가 되어 접동새를 괴롭히고, 접동새는 까마귀가 두려워 밤에만 나타나, 남아 있는 아홉 동생들을 걱정하며 슬프게 운다고 한다.

 이런 기막힌 슬픔을 안고 죽어 간 소녀의 넋을, 오랜 시간이 지난 후에 한 시인이 다시 노래한다. 김소월은 입에서 입으로만 전해 오던 소녀의 이야기를 아름다운 시 한 편으로 빚어낸다. 그저 아련한 설화로만 남겨질 뻔했던 슬픈 이야기가 시인을 통해 문자로 부활하여 널리 울려 퍼지게 된 것이다.

못다 한 울음을 대신 울어 주다

굿에는 여러 가지가 있다. 그 가운데에서도 문학에 가장 가까운 것은 죽은 사람의 넋을 불러내는 굿이다. 살아 있는 사람은 일생에 단 한 번 죽음을 경험할 뿐이다. 하지만 문학 속에서는 수천수만 가지 죽음을 경험할 수 있다. 우리는 문학 속의 주인공들이 죽어 가는 모습을 통해, 미래의 죽음을 대리 체험한다. 차마 말로 표현하지 못할 아픈 사연을 저마다 품고 죽어 간 사람들, 그들의 못다 한 울음을 대신 울어 주는 것. 이러한 무당의 일이야말로 문학의 또 다른 역할이다. 작가는 이 세상의 수많은 직업과 역사와 공간을 연구하고 가상 체험함으로써, 우리에게 드넓은 시야를 제공해 준다. 과학으로도 살릴 수 없는, 죽은 사람의 영혼을 불러 깨워 자신의 목소리를 내도록 하는 것, 그것이야말로 문학의 중요한 해방적 기능이다.

자신의 억울한 죽음을 슬퍼하기보다는 살아남아 고생하고 있을 동생들의 삶을 걱정하는 누이의 간절한 마음, 그것은 접동새의 구슬픈 울음소리에 실려 희미하게 전해지다가, 사람들의 구전설화 속에 드문드문 오르내리다가, 마침내 김소월의 시 한 편이 되어 현대인에게도 널리 알려지게 되었다.

전쟁의 참혹함을 다룬 소설들, 원한과 분노를 품고 죽어 간 인물들을 그린 많은 소설은, '굿'으로서의 문학의 역할을 생생하게 보여 준다.

세상의 모든 생물,
모든 사물과
교감하다

세상의 모든 것을 만나는 백과사전

거미 새끼 하나 방바닥에 나린 것을 나는 아무 생각 없이 문밖으로 쓸어
버린다
차디찬 밤이다

어니젠가 새끼거미 쓸려나간 곳에 큰거미가 왔다
나는 가슴이 짜릿한다
나는 또 큰거미를 쓸어 문밖으로 버리며
찬 밖이라도 새끼 있는 데로 가라고 하며 서러워한다

이렇게 해서 아린 가슴이 싹기도 전이다
어데서 좁쌀알만한 알에서 가제 깨인 듯한 발이 채 서지도 못한 무척 적
은 새끼거미가 이번엔 큰거미 없어진 곳으로 와서 아물거린다
나는 가슴이 메이는 듯하다
내 손에 오르기라도 하라고 나는 손을 내어미나 분명히 울고불고할 이
작은 것은 나를 무서우이 달아나버리며 나를 서럽게 한다
나는 이 작은 것을 고이 보드러운 종이에 받어 또 문밖으로 버리며
이것의 엄마와 누나나 형이 가까이 이것의 걱정을 하며 있다가 쉬이 만
나기나 했으면 좋으련만 하고 슬퍼한다

—백석, 「수라修羅」

 우리는 인간으로 태어났고 인간의 언어로 말하고 사유한다. 인간의 언어만으로는 동물과 의사소통할 수 없다. 인간 중심적인 사고는 더더욱 우주 만물과의 교감을 방해한다. 지금 우리가 있는 곳에서도 수많은 미생물이 함께하고 있다. 심지어 우리 몸속에도 다양한 미생물이 공존하고 있다. 그러나 우리의 일상은 철저히 인간 중심적으로 조직되어 있다. 그리하여 아무 생각 없이 벌레를 죽이고, 부주의하게 자동차로 야생동물을 치고, 한때는 애지중지했던 애완견을 길거리의 유기견으로 만들어 버린다. 우리는 그렇게 인간만을 위한 세계를 추구하고 인간 이외의 존재에 대한 배려를 망각하곤 한다.
 문학은 이러한 자기중심적 사유를 벗어날 수 있도록 하는 강력한

촉매다. 백석의 시 「수라」(1936)는 그런 의미에서 인간이라는 존재의 무심한 이기주의(현대인은 거미를 보면 자신이 거미의 공간에 침입했다는 생각은 못 하고, 거미가 자신의 공간에 침입했다고 생각한다)와 그에 대한 소박하고 진지한 성찰의 흔적을 보여 준다.

이 시는 아주 작은 에피소드를 그리고 있다. 세 마리의 거미를 무심코 문밖으로 쓸어 낸 이야기일 뿐이다. 그러나 이 사소한 일화를 바라보는 시인의 마음은 한없이 깊고 넓다. 자칫 건조한 묘사로 그칠 수 있는 소재를 아름다운 한 편의 이야기로 빚어내는 것은 시인의 따뜻한 마음이다.

인간은 곤충을 무심코 버리거나 죽인다. 그러나 그 무심한 행위가 곤충들에게는 치명적인 위험이자 재난이 된다. 곤충을 창밖으로 내다 버리고, 파리채로 눌러 죽이는 행위는, 곤충들에게는 땅이 갈라지고 하늘이 무너지는 일이다. 그것은 가장 가까운 존재, 즉 어미나 새끼나 짝이 세상을 떠나 버리는 크나큰 슬픔일 수도 있다. 곤충의 세계와 인간 세계의 충돌은 이렇게 문학 작품 속에서 가능하다.

처음에는 아무 생각 없이 거미를 쓸어 버렸던 화자가 점점 거미의 슬픔을 이해하게 되며, 마침내 마지막으로 발견한 새끼는 보드라운 종이에 받아 고이 문밖으로 보내준다. 자신이 문밖에 버린 세 식구가 언젠가는 기필코 만나기를 간절히 기원하며. 자신의 편의를 위해, 인간의 일상에 방해되는 모든 것들을 아무런 미련 없이 없애 버리는 현대인들. 이 시는, 이 거대한 생태계에서 인간은 어떤 의미를 가진 존재인가를 생각하게 만든다.

문학은 이렇듯 오직 '인간'으로 살아갈 수밖에 없는 현대인의 한계를 넘어서게 만든다. 세상의 모든 생물, 세상의 모든 사물과 교감하게 해 줄 수 있는 살아 있는 백과사전, 그것이 바로 문학의 또 다른 얼굴이다.

'1인분'의 삶을 넘어

단풍 든 숲속에 두 갈래 길이 있더군요.
몸이 하나니 두 길을 다 가 볼 수는 없어
나는 서운한 마음으로 한참 서서
잣나무 숲속으로 접어든 한쪽 길을
끝간 데까지 바라보았습니다.

그러다가 또 하나의 길을 택했습니다, 먼저 길과 똑같이 아름답고,
아마 더 나은 듯도 했지요,
풀이 더 무성하고 사람을 부르는 듯했으니까요.
사람이 밟은 흔적은
먼저 길과 비슷하기는 했지만,

서리 내린 낙엽 위에는 아무 발자국도 없고

두 길은 그날 아침 똑같이 놓여 있었습니다.
아, 먼저 길은 다른 날 걸어 보리라! 생각했지요
인생 길이 한번 가면 어떤지 알고 있으니
다시 보기 어려우리라 여기면서도.

오랜 세월이 흐른 다음
나는 한숨 지으며 이야기하겠지요.
〈두 갈래 길이 숲속으로 나 있었다, 그래서 나는 ―
사람이 덜 밟은 길을 택했고,
그것이 내 운명을 바꾸어 놓았다〉라고.

―로버트 프로스트, 정현종 옮김, 「걸어 보지 못한 길」

  우리의 육체는 하나뿐이다. 이 육체의 한계 때문에 우리는 단 한 사람의 몫밖에 감당할 수가 없다. 아무리 다양한 직업을 가져도, 아무리 다양한 여행지를 돌아다녀도, 아무리 많은 사람과 관계를 맺는다 해도 우리는 저마다 한 사람 몫의 삶을 살아갈 수밖에 없다. 그리하여 절박한 선택의 기로에 놓였을 때도, 여러 갈래의 길을 모두 선택할 수 없으며, 오로지 한 길만을 선택해야 한다. 그럴 때, 우리의 선택을 도와주는 기준에는 무엇이 있을까?
  이 시는 운명적 갈림길에 놓인 존재의 고뇌를 간결하게 압축하고 있다. 우리는 세상 모든 곳을 한꺼번에 다 가 볼 수는 없지만, 이 세상에 어떤 길이 나 있는지, 이 세상에 어떤 사람들이 있는지 관찰하고 탐구할 수 있다. 그 관찰과 탐구가 얼마나 진지하고 성실한가에 따라 우리의 선택 방향과 선택 이후의 결과 또한 달라질 것이다.

  이 시는 많은 사람들이 가 본 길보다는 인적이 드문 길을 택함으로써 자신의 운명이 바뀔 것이라는 예언을 속삭인다. 많은 사람들이 가 본 길은 그만큼 안전할 것이다. 그러나 새로운 모험의 상상력은 쉽게 발휘되지 않는다. 우리에게는 저마다 한 사람 몫의 삶이 주어진다. 하지만 문학을 통해서라면, 다른 사람의 삶을 수없이 체험해 볼 수 있다. 안전하고 평탄한 길 대신 위험하고 험난한 길을 택한 자의 삶은 그가 겪은 고난만큼이나 다채롭고 풍요롭지 않을까. 문학은 우리가 '가지 않은 길', 우리가 걸어보지 못한 그 수많은 길을 그려 내는 총천연색 풍경화일 것이다. 가지 않은 길은 두렵지만, 그만큼 짜릿한 모험과 참신한 상상력으로 물결칠 것이다. 문학을 통해 우리가 살아 보지 않은 삶을 상상하는 것. 우리가 이룰 수 없다고 믿었던 꿈을 실현하고자 저 무한한 경험의 바다 속으로 뛰어드는 것. 그것이야말로 문학이 우리에게 줄 수 있는 가장 멋진 상상의 시공간일 것이다.

불가능한 것을 꿈꾸고 실험하는 공간

문학은 타임머신일 수도 있고 오지 체험일 수도 있다. 문학은 아무에게도 고백할 수 없는 아픔을 고백하는 비밀 일기, 죽은 이의 넋을 위로하는 씻김굿일 수도 있다. 나아가 문학은 우리가 몰랐던 다양한 세상의 진실을 배우는 백과사전일 수도 있고, 이 세상의 수많은 위험으로부터 우리를 아늑하게 보듬어 주는 비무장지대일 수도 있다. 문학은 이 사회의 모든 아픔을 보듬어 안고 그것을 치유해 주는 종합병원일 수도 있고, 언제 터질지 모르는 이 사회의 무서운 갈등을 품은 시한폭탄일 수도 있다. 학교나 가정에서는 속 시원하게 가르쳐 주지 않는 사랑의 기술을 배울 수 있는 교실일 수도 있고, 죽음 앞에 언제 내동댕이쳐질지도 모르는 우리의 운명적 한계를 미리 체험해 보는 상상의 장례식장일 수도 있다. 그러나 이 모든 것을 다 합친다고 해도 문학은 쉽게 정의할 수 없다.

문학은 새로운 실험의 가능성을 끊임없이 담고 있다. 그리고 끊임없이 새로 태어난다. 그리하여 아무리 정의하려 해도 깔끔하게 정리되지 않는, 영원히 풀리지 않는 수수께끼가 된다. 그 수수께끼를 각자의 독창적인 사유를 통해 풀어 가는 것은 독자의 몫이다. 문학은 영원히 풀리지 않는 수수께끼의 미로다. 그러나 분명한 것은 문학이란 불가능한 것을 향한 꿈을 탐구하고 실험하는 공간이라는 점이다.

세르반테스의 「돈키호테」(1605)는 문학을 통해 우리가 꿈꿀 수 있는 세계를 이렇게 묘사하고 있다.

"이룩할 수 없는 꿈을 꾸고, 이루어질 수 없는 사랑을 하고, 싸워 이길 수 없는 적과 싸움을 하고, 견딜 수 없는 고통을 견디며, 잡을 수 없는 저 하늘의 별을 잡자."

| 2부 |
문학의 기법

고전은 왜 끊임없이
패러디되는가?

패러디의 마법

패러디의 필연성

그림 동화나 안데르센 동화, 셰익스피어의 희곡이나 「삼국지」, 구미호 설화나 「춘향전」의 공통점은 무엇일까? 아주 오래전부터 오늘날까지 변함없이 대중의 사랑을 받아 온 이 작품들은 끊임없는 패러디(parody)의 대상이 되어 왔다는 점에서 공통점을 지닌다. 수백 년 동안 끊임없이 개작 과정을 거치고, 영화나 드라마는 물론 만화나 애니메이션, 때로는 광고나 온라인 게임으로까지 패러디됨으로써, 이 불멸의 고전들은 새로운 대중의 보편적 공감을 얻을 수 있었다.

아무리 흥미롭고 매혹적인 동화일지라도 그림 형제의 열정적인 이야기 수집과 개작 과정을 거치지 않았다면 '그림 동화'는 지금처럼 전 세계 어린이들을 사로잡지 못했을 것이다. 또 아무리 흥미진진한 셰익스피어 희곡이나 「삼국지」라도 끊임없이 영화나 드라마로 각색되지 않았다면, '영국'이나 '중국'이라는 국가적 울타리를 벗어나 전 세계인의 사랑을 받을 수 없었을 것이다. 구미호나 춘향 또한 각종 연극이나 영화, 드라마를 통해 지속적으로 리메이크됨으로써 누구에게나 익숙한 캐릭터로 자리를 잡을 수 있었으며, 수백 년 전의 「햄릿」 원작을 어떤 개작 없이 오직 '책'을 통해서만 유통시켰다면, 햄릿은 지금처럼 전 세계적인 인기를 얻을 수 없었을 것이다.

이렇듯 패러디는 원작과 개작 사이의 시간적·공간적 간극을 뛰어넘게 만드는 '이야기의 마법'이다. 셰익스피어의 작품은 영미 문화권의 특수성에서 벗어나 이제 전 세계 문학뿐 아니라 영화와 드라마의 단골 패러디 대상이 되었다. 고전 문학이 오랫동안 다양한 버전으로 각색되다 보면 시간의 장벽뿐 아니라 공간의 장벽, 세대의 장벽, 언어의 장벽마저 허무는 노하우가 축적된다. 이처럼 패러디는 단지 원작의 인기를 등에 업고 대중에게 어필하는 전략을 뛰어넘어, 고전을 더욱 오래, 더욱 많은 사람들의 마음속에 살아남게 만드는 문학의 한 테크닉이다.

패러디는 문학적 전통을 의도적으로 모방하는 행위를 통해 원작을 뛰어넘는 감동을 재생산하는 창작 기법이다. 패러디를 이끌어가는 힘은 크게 두 가지다. 첫 번째 힘은 과거의 작품을 모방하고 반복하려는 '보수적 충동'이다. 대중은 옛이야기의 매력 혹은 익숙한 이야기의 편안함을 잊지 못하기 때문이다.

두 번째 힘, 그것은 끊임없이 옛것과 새것 사이의 '차이'를 만들고자 하는 '변화의 충동'이다. 이는 패러디가 단순한 모방 및 표절과 다른 점이기도 하다. 패러디는 '지속'과 '변화'라는 이중 전략을 펼친다. 즉 전통을 계승하면서도 전통을 극복하려고 하고, 전통을 예찬하면서도 전통을 해체시키려는 것이 바로 패러디의 매력이다. 그렇게 원작과 패러디 작품 간의 차이를 만들어 가며 원작의 감동을 보존하면서 동시에 원작을 뛰어넘는 것이 패러디의 힘이다.

훌륭한 패러디는 원작에 새 생명을 부여할 뿐 아니라 스스로 독창적인 작품이 된다. 고전은 끊임없이 개작되고 당대의 관객과 소통함으로써 부활한다. 고전이 새롭게 부활해야 하는 이유는 무엇일까? 만약 고전이 '원전'으로만 남아 있기를 고집한다면, 극소수의 엘리트 또는 전문가들만 향유하는 배타적 산물이 되어 버리기 쉽다. 우리 시대, 우리 세대에 어울리는 새로운 목소리로 끊임없이 패러디될 때, 고전은 더 오랜 시간, 더 많은 사람들과 함께할 수 있다.

패러디의 진정한 의미는 단지 고전을 리메이크함으로써 '고전의 고정팬'을 확보하는 데 있지 않다. 고전을 새로운 맥락에서 재해석함으로써 패러디 작품 자체가 독립적인 창작품으로 존재할 때, 고전과 패러디물의 관계는 더욱 생생한 '상호 텍스트성'을 지닐 수 있게 된다. '상호 텍스트성'은 단지 텍스트 A와 텍스트 B 사이의 영향 관계만을 가리키는 것이 아니라 텍스트 A와 텍스트 B의 끊임없는 대화를 통한 또 다른 창조를 의미한다.

모든 창조에는 원천적으로 '모방'의 흔적이 남아 있다. 창작은 '무'에서 '유'를 창조하는 것이 아니라 '이미 있는 것'으로부터 '아직 없는 것'을 발견해 내는 '모방'과 '해석'의 에너지로 이루어지는 것이 아닐까. 철학자이자 소설가이며, 데리다와 함께 탈구조주의 사상가로 잘 알려진 쥘리아 크리스테바(Julia Kristeva)는 상호 텍스트성의 의미를 이렇게 지적한다. 모든 글은 모자이크처럼 인용문이라는 작은 타일들로 구성되어 있으며, 모든 글은 다른 글의 흡수 아니면 변형에 불과하다고. 그렇다면 패러디는 단지 고전을 모방하고 싶은 특정한 사람들의 개인적 욕망이 아니라, '글쓰기'의 충동 속에 본능적으로 녹아 있는 '모방'과 '극복'의 에너지가 아닐까.

완전한 변형, 또 다른 이야기

우리가 어린 시절 읽었던 동화들은 거의 99퍼센트 '개작' 과정을 거친 것이다. 예를 들어 「아기 돼지 삼형제」는 삼형제가 모두 막내의 튼튼한 벽돌집으로 피난 와서 살아남는 게 아니라 막내 빼고는 모두 죽는 결말이었다고 한다. 콩쥐 팥쥐 이야기도 '어린이 버전'보다 훨씬 잔혹한 결말이 기다리고 있다. 콩쥐는 지고지순하게 팥쥐의 모든 죄악을 용서해 주는 자비를 보이는 대신, 팥쥐를 잔인하게 죽여 통쾌한 복수에 성공했다. 디즈니 애니메이션 〈인어공주〉를 안데르센의 「인어공주」보다 먼저 본 어린이라면, 원작과 개작 사이의 엄청난 차이에 놀라지 않을까. 두 이야기는 '패러디'를 넘어 완전히 다른 이야기가 되어 버린다. 인어공주의 행복한 결혼식으로 끝나는 디즈니 애니메이션 〈인어공주〉와 인어공주가 거품이 되어 영원히 사라져 버리는 비극적 결말을 담은 안데르센의 「인어공주」 사이에는 건널 수 없는 간극이 자리 잡고 있다. 「빨간 망토 소녀」, 혹은 「빨간 모자」 이야기의 여러 판본 가운데는 이 귀여운 소녀가 늑대에게 잡아먹히는 끔찍한 결말도 있다.

디즈니 애니메이션 〈뮬란〉은 어떤가? 중국의 민담에서 유래한 〈뮬란〉의 원작 「목란사」에는 멋진 남자와의 로맨틱한 러브라인이 전혀 존재하지 않는다. 뮬란은 아버지를 위해 무려 12년 동안이나 고난의 행군을 하지만, 아무도 그녀가 '여자'라는 것을 알아보지 못할 정도로 완벽한 위장에 성공한다. 그러나 그 결말에는 '행복한 사랑'이나 '멋진 여전사'의 판타지가 기다리지 않는다. 그녀는 단지 늙고 병든 부모 곁으로 돌아와 평범한 일상으로 되돌아간다.

어린이를 위한 동화를 창작한다는 명목으로 진행된 수많은 패러디 과정 속에는 '어린이를 보호해야 한다' 혹은 '어린이용은 뭔가 달라야 한다'는 신념이 작동하고 있다. 그러나 '그림 동화'가 편집되던 시절만 해도 지금처럼 어린이를 특권화한다거나 보호하기 위해 동화 내용 자체를 바꾼다거나 하는 일은 흔치 않았다. 패러디의 과정에는 당대인의 보편적 신념, 그 시대의 사회적 분위기 등이 강력하게 개입하는 셈이다.

'기법'으로서의 패러디가 예술 작품의 창조적 원동력이 되기 위해서는 '패러디를 위한 패러디'가 아니라 '패러디를 통해 무엇을 창조하는가'에 대한 작가 특유의 독자적인 시각이 필요할 것이다. '누구의 작품을 얼마만큼 차용하는가'보다도 '원작을 뛰어넘기 위해 어떤 차이를 만들어 낼 것인가', '결과적으로 얼마나 더 흥미로운 패러디 텍스트를 창조할 수 있는가'로 패러디의 궁극적 관심이 이동한 지금, 할리우드에서는 패러디 자체가 거대한 산업으로 정착한 지 오래다. 특히 월트 디즈니 사(社)는 그 자체가 거대한 패러디 공장이다. 디즈니 애니메이션은 전 세계의 동화를 패러디함으로써 세계 어린이들의 유년 시절의 상상력과 세계관 형성에 막대한 영향력을 끼치고 있다.

이렇듯 모든 문학 텍스트가 언제든 영상화될 수 있는 '원 소스 멀티 유스(one source multi-use)' 시대에는 패러디가 주요한 창작 동기로 자리 잡는다. 모든 문학 작품을 '콘텐츠' 혹은 '스토리텔링의 재료'로 바라보게 된 것이다. 패러디의 저차원적 단계에서는 패러디에 감독의 철학적 성찰이 담기지 않고, 단순히 순간적인 웃음을 유발하거나 흥미로운 이야기 전개의 도구로 사용되는 데 그치곤 한다. 표절이나 도용에 대한 윤리적 장벽이 완화되고 '작품은 작가의 독점적 소유물'이라는 인식 자체가 약화되면서, 패러디는 모든 예술 및 대중문화 영역에서 활발하게 이루어지기 시작했다.

　대중에게는 '순수한 창작'으로만 알려졌지만 알고 보면 패러디적 요소가 다분한 명작들도 많다. 괴테의 「파우스트」는 괴테 혼자만의 독창적인 아이디어가 아니라 독일 민담의 여러 요소들 속에서 차용하고 혼합한 이야기의 흔적을 담고 있다. 셰익스피어의 여러 작품들도 '무'에서 '유'로의 창조가 아니라 이전 시대의 수많은 고전들을 패러디한 것이 많다. 「안토니와 클레오파트라」가 대표적이다. 무엇보다도 셰익스피어 자신이 탁월한 '각색자'였다고 한다. 그는 방대한 범위의 역사적 자료나 허구적 이야기뿐 아니라 고전 작품의 아이디어나 인물, 테마 등을 자유롭게 빌려와 자신의 창작에 활용했다고 한다. 세네카, 베르길리우스, 플루타르코스, 호메로스 등과 같은 수많은 고전 작가들과 역사가들로부터 그는 각종 아이디어와 스토리, 캐릭터와 분위기를 차용했다. 하지만 거기에 자신만의 문체와 스타일을 접목시켜, 그 모든 이야기를 '셰익스피어 버전'의 새로운 이야기로 만들었다. 타의 추종을 불허하는 '패러디의 대가'라는 점이 셰익스피어의 세계적 보편성과 변함없는 대중성을 가속화시키는 힘이 아니었을까.

모방에서 창조로

1980년대 이후 이질적 장르의 합성과 패러디가 유행하기 시작했다.

21세기로 접어들면서 원작자를 의식하거나 원작의 유명세에 부담을 가지기보다는, 자유자재로 원작을 뛰어넘고, 원작의 스토리마저 과감하게 변형하는 패러디에 대한 대중의 열망이 더욱 강해졌다. 무엇보다도 패러디의 대중화는 '작품은 작가의 소유물'이라는 고정관념에서 탈피했기 때문에 가능한 일이기도 하다. 예를 들어 영화 〈셰익스피어 인 러브〉는 셰익스피어의 여러 작품과 미스터리로 가득한 셰익스피어의 인생 자체를 대상으로 삼아 패러디의 한계를 실험한 작품이다. '한 가지 작품을 패러디한다'는 개념 자체가 바뀌어 이제 여러 작품을 모자이크하듯 자유롭게 인용하고, 작품의 이야기와 실제 이야기가 종횡무진 뒤섞이는 하이브리드(hybrid)형 패러디가 유행하게 된 것이다.

원작의 감동이나 작품성을 뛰어넘는 패러디 작품들도 쏟아지고 있다. 패러디의 창조성이 너무 강해 원작이 무엇인지 알 수 없는 경우도 많다. 스티븐 스필버그의 영화 〈A.I.〉를 본 사람은 많지만, 이 영화가 동화 「피노키오」의 강도 높은 패러디라는 사실을 알고 있는 사람은 드물다. 그런 사실이 잘 알려지지 않을 정도로 패러디의 창조성이 두드러진 것이다. 게다가 SF라는 장르적 상상력이 패러디의 흥미와 참신성을 배가시킨다.

어떤 패러디는 원작을 고쳐 쓴 흔적 자체가 잘 남지 않거나 원작을 뛰어넘는 감동을 선사함으로써, 원작을 극복하고 원작 자체를 새롭게 인식하도록 만든다. 백마 탄 왕자님이 잠만 쿨쿨 자고 있는 공주를 구해 주는 구태의연한 동화에 대한 재해석과 비판 정신이 〈슈렉〉을 빛나게 해 준 것처럼 말이다. 〈슈렉〉의 전체 이야기 구조는 「잠자는 숲 속의 공주」를 따르지만, 〈슈렉〉에는 백설공주, 피노키오, 신데렐라 등 디즈니 애니메이션의 거의 모든 캐릭터가 총출동하여 패러디의 진수를 보여 준다. 〈슈렉〉의 창작 의도 자체가 이 세상 모든 동화에 대한 유쾌한 패러디가 아니었을까.

영화 〈아바타〉의 놀라움은 어디서 많이 본 듯한 수많은 장면들을 마치 처음부터 '자기 것'이었던 듯이 천연덕스럽게 패러디한 제임스 캐머런 감독의 도발적인 상상력에서 비롯된다. 이 세상 거의 모든 신화의 원형을 패러디하는 것, 그 자체가 창조의 원동력이 된 셈이다. 〈아바타〉를 보면서 다른 수많은 작품을 떠올렸다는 사람들은 많지만, 〈아바타〉 자체의 창조성을 의심하는 사람은 별로 없다. 패러디 정신은 이렇듯 어느 한 작품의 의도적인 모방뿐 아니라 원작의 흔적을 찾기 어려울 정도로 다양한 텍스트의 무의식적인 모방과 변주를 가능하게 한다.

명화 속의 인물들이 애니메이션 캐릭터처럼 움직이고 춤추고 노래하는 광고를 본 적이 있는가? 〈미션 임파서블〉에서 천장에 거꾸로 매달려 물건을 훔쳐 가는 톰 크루즈, 〈타이타닉〉에서 두 팔 벌려 날아가는 포즈를 취하며 행복한 시간을 보내는 레오나르도 디카프리오와 케이트 윈슬렛, 〈펄프 픽션〉에서 신나게 춤추는 우마 서먼과 존 트라볼타, 〈사랑과 영혼〉에서 우아하게 도자기를 빚으며 로

맨틱한 분위기에 심취하는 패트릭 스웨이지와 데미 무어 커플. 이런 장면들은 수십 년 동안 드라마나 영화는 물론 광고에서도 끊임없이 패러디가 되어 왔다. 이렇듯 패러디는 우리의 일상 깊숙이 침투한 '모방'과 '창조'를 향한 욕망이다.

　패러디를 위해서는 무엇보다도 작품에 대한 '비평적 거리'가 필요하다. 즉 '독자'로서 원작을 충분히 이해하고 그것에 감동을 받은 뒤, 일종의 '비평가'가 되어 원작을 다각도로 분석할 수 있을 때 패러디의 준비 작업이 완료된다. 원작에 대한 '독자로서의 애정'과 '비평가로서의 예리한 비판'의 거리가 생겼을 때 창조적인 패러디도 가능해진다. 아울러 동시대 독자나 관객들에 대한 심도 깊은 이해, 더 나아가 현재 사회의 핫이슈나 고질적인 병폐를 패러디 대상인 원작과 연결시킬 수 있다면, 패러디는 더할 나위 없는 창조와 소통의 하모니가 될 것이다.

여섯 살 옥희의
눈에 비친 세상
―
시점의 마술

소설의 숨은 주춧돌, 시점

주요섭의 「사랑손님과 어머니」의 서술자가 옥희가 아니었다면 어땠을까? 사랑손님의 시선이나 어머니의 시선으로 소설이 전개되었다면, 소설은 전혀 다른 분위기로 탈바꿈하지 않았을까? 강신재의 「젊은 느티나무」의 화자가 열여덟 살 소녀 숙희가 아니었다면 어땠을까? 소녀의 엄마나 오빠, 아버지의 시선으로 소설이 전개되었다면 「젊은 느티나무」 특유의 설렘과 긴장감이 고스란히 유지될 수 있었을까? 김원일의 「마당 깊은 집」이 소년 길남이의 시선이 아니라 어머니의 시선이었다면, 소년의 눈에 비친 한국전쟁 이후의 사회는 어떻게 바뀌었을까?

이렇듯 '누구의 시점'을 선택하느냐에 따라 소설은 전혀 다른 풍경과 분위기를 띠게 된다. 어떤 시점을 선택한다는 것은 지은이의 세계관과도 밀접한 연관이 있으며, 얼마나 효과적으로 시점을 활용하느냐에 따라 소설의 성패가 판가름 나기도 한다.

소설의 시점 자체가 주인공의 캐릭터를 창조하는 데 결정적인 역할을 하기도 한다. 예를 들어 스콧 피츠제럴드의 「위대한 개츠비」(1925)는 개츠비가 아니라 그의 이웃이자 친구인 닉의 시점으로 전개된다. 개츠비의 성장 배경이나 살아온 내력을 잘 모르는 닉의 시선 때문에 개츠비는 더욱 신비롭고 난해한 인물로 비쳐진다. 반투명한 유리문 너머로 어슴푸레하게 보이는 사물처럼, 주인공 개츠비는 닉이라는 '화자'를 통해서만 독자에게 모습을 드러낸다. 수많은 비밀과 밝히기 어려운 사연이 개츠비 자신의 서술을 통해서 흘러나왔다면 이런 효과는 기대하기 어려웠을 것이다. 개츠비를 존중하지만 개츠비에게 완전히 '동화'되지는 않은 닉이야말로, 주인공과 이상적인 거리감을 획득한 개성 넘치는 화자다.

물론 3인칭 전지적 작가 시점이 잘 어울리는 주인공이 있고, 1인칭 관찰자 시점이 어울리는 주인공이 있다. 중요한 것은 절대적으로 탁월한 시점이 존재한다는 것이 아니라, 그 소설의 분위기와 주인공의 캐릭터에 가장 어울리는 화자를 찾는 일이다.

소설의 시점을 어떻게 선택하느냐에 따라 소설의 운명이 달라질 수 있다. '화자가 소설 속에서 어떤 위치에 서 있는가'가 소설 읽기의 묘미를 더해 주기도 한다. 화자가 처한 독특한 상황 때문에 시점의 매력이 더욱 도드라지는 경우도 있다. 조너선 스위프트의「걸리버 여행기」나 안국선의「금수회의록」, 조지 오웰의「동물농장」같은 경우가 대표적이다.「걸리버 여행기」에서 소인국에 간 인간의 눈에 비친 세상,「금수회의록」이나「동물농장」에서 각종 동물들의 눈에 비친 인간의 모습은 '인간'이라는 존재를 평소와 전혀 다른 시선으로 바라보게 만든다.

어머니는 그 봉투를 받아 들자 갑자기 얼굴이 파랗게 질리었습니다. (……) 어머니의 손을 바라다보니 거기에는 지전 몇 장 외에 네모로 접은 하—얀 종이가 한 장 잡혀 있는 것이었습니다.
어머니는 한참을 망설이는 모양이었습니다. 그러더니 무슨 결심을 한 듯이 입술을 악물고 그 종이를 채근채근 펴 들고 그 안에 쓰인 글을 읽었습니다. 나는 그 안에 무슨 글이 씌어 있는지 알 도리가 없었으나 어머니는 그 글을 읽으면서 금시에 얼굴이 파랬다 발갰다 하고 그 종이를 든 손은 이제는 바들바들이 아니라 와들와들 떨리어서 그 종이가 부석부석 소리를 내게 되었습니다.
한참 후에 어머니는 그 종이를 아까 모양으로 네모지게 접어서 돈과 함께 봉투에 도루 넣어 반짇그릇에 던졌습니다. 그리고는 정신나간 사람처럼 멀거니 앉아서 전등만 치어다보는데 어머니 가슴이 불룩불룩합니

다. 나는 어머니가 혹시 병이나 나지 않았나 하고 염려가 되어서 얼른 가서 무릎에 안기면서

"엄마, 잘까?"

하고 말했습니다.

엄마는 내 뺨에 입을 맞추어주었습니다. 그런데 어머니의 입술이 어쩌면 그리도 뜨거운지요. 마치 불에 달군 돌이 볼에 와 닿는 것 같았습니다.

—주요섭, 「사랑손님과 어머니」에서

「사랑손님과 어머니」(1935)의 한 장면이다. 옥희는 사랑방에 하숙하고 있는 아저씨의 심부름으로 '지난달 밥값'이 들어 있는 흰 봉투를 어머니에게 가져다준다. 그 봉투 속에는 밥값뿐 아니라 어머니에게 수줍게 전하는 아저씨의 마음이 담긴 편지가 들어 있었다. 옥희는 그 편지의 내용을 전혀 모른다. 다만 옥희의 눈에는 '편지에 대한 어머니의 반응'만이 보인다. 작가는 편지를 읽는 어머니의 당황한 모습을 소녀의 눈을 통해 능청스럽게 묘사함으로써 독자들로 하여금 그 편지의 내용을 충분히 짐작하게 해 준다. 그 짐작과 상상 속에서 독자가 소설을 읽는 은밀한 즐거움이 배가된다. 독자는 옥희의 눈에 비친 어머니의 떨리는 표정, 발그레해진 얼굴, 옥희의 뺨에 닿는 어머니의 '불에 달군 돌' 같은 입술을 통해 어머니의 심정을 이해할 수 있게 된다. 어린이의 시점에서 현실이 '제한적으로' 보인다는 것이 오히려 시점의 매력을 배가시키는 것이다. '더

많이 보는 것'보다 오히려 '더 적게 보는 것'이 이렇듯 텍스트의 함축적 매력을 돋보이게 하기도 한다.

어른들의 시선을 통해 이 이야기를 서술한다면, 자칫 진부한 러브스토리로 각색될 수 있을 것이다. 옥희는 어른들의 복잡한 내면을 알지 못하기에, 옥희의 시선이 미처 닿지 못하는 '사각지대'는 독자에게 더욱 미묘한 긴장감을 느끼게 한다. 여섯 살 옥희는 알 수 없지만 독자는 쉽게 알아차릴 수 있는 그 무엇. 바로 그 시점의 사각지대에서 비밀스러운 공감의 실마리가 태어나는 것이다. 시점의 선택 자체가 이 소설의 중요한 창작의 원동력이 된 것이다.

소설의 운명을 바꾸는 시점

소설의 시점을 바꾸는 일이 곧 소설의 운명을 결정하기도 한다. 「오만과 편견」의 작가 제인 오스틴이 쓴 또 다른 소설 「센스 앤 센서빌리티」는 애초에 서간체로 씌어졌으나 3인칭 서술로 바뀌면서 더욱 흥미로운 소설로 탈바꿈하는 데 성공했다. 「허클베리 핀의 모험」 같은 소설도 3인칭 전지적 작가 시점보다는 '소년'의 시점이 훨씬 잘 어울리는 소설이다. 진 웹스터의 「키다리 아저씨」도 어린 소녀의 시점을 통해 성공적으로 독자들에게 다가간 대표적인 소설이다. 김유정의 「봄봄」 또한 머슴살이를 하는 총각의 눈으로 본 세상의 풍경을 효과적으로 드러낸다. 물론 가장 어울리는 시점이 따로 있는 것은 아니지만 작가가 자신의 재능과 성격을 가장 잘 펼칠 수 있는 화자는 분명 있다.

"장인님! 인제 저……"
내가 이렇게 뒤통수를 긁고, 나이가 찼으니 성례를 시켜줘야 하지 않겠느냐고 하면 대답이 늘,
"이 자식아! 성례구 뭐구 미처 자라야지!"
하고 만다.
이 자라야 한다는 것은 내가 아니라 내 아내가 될 점순이의 키 말이다.
내가 여기에 와서 돈 한 푼 안 받고 일하기를 삼 년하고 꼬박이 일곱 달 동안을 했다. 그런데도 미처 못 자랐다니까 이 키는 언제야 자라는 겐지 짜장 영문 모른다. 일을 좀더 잘해야 한다든지, 혹은 밥을 (많이 먹는다고 노상 걱정이니까) 좀 덜 먹어야 한다든지 하면 나도 얼마든지 할 말이 많다. 허지만 점순이가 아직 어리니까 더 자라야 한다는 여기에는 어째 볼 수 없이 고만 빙빙하고 만다.
이래서 나는 애초 계약이 잘못된 걸 알았다. 이태면 이태, 삼 년이면 삼 년, 기한을 딱 작정하고 일을 해야 원 할 것이다. 덮어놓고 딸이 자라는 대로 성례를 시켜 주마 했으니, 누가 늘 지키고 섰는 것도 아니고, 그 키가 언제 자라는지 알 수 있는가. 그리고 난 사람의 키가 무럭무럭 자라는 줄만 알았지 붙배기 키에 모로만 벌어지는 몸도 있는 것을 누가 알았으랴.

―김유정, 「봄봄」에서

김유정의 「봄봄」(1935)은 점순이와의 결혼을 약속받고 돈 한 푼 안 받고 삼 년 하고도 꼬박 일곱 달 동안 '예비 장인'의 농사일을 해 준 총각의 입장에서 서술된다. '점순이가 키가 크면 결혼을 시켜 주겠다'는 장인의 약속에는 함정이 있었다. 좀처럼 자라지 않는 점순이의 키를 보며 총각의 한숨 소리는 깊어만 간다. 김유정 특유의 익살과 해학이 넘치는 문체는 총각의 천진난만한 시점과 어우러져 더욱 효과적으로 이야기를 전달한다. 「봄봄」뿐 아니라 김유정의 많은 소설들이 지식인 화자보다는 개성 넘치는 사투리를 구사하는 평범한 사람들을 전면에 내세움으로써 독자와의 교감에 성공할 수 있었다.

물론 소설의 시점을 반드시 1인칭 관찰자 시점, 3인칭 전지적 작가 시점 같은 틀로 재단할 필요는 없다. 중요한 것은 1인칭이냐 3인칭이냐 하는 것이 아니라, '어떤 인물의 세계관'을 통해 세상을 보여 주는가에 달려 있기 때문이다. 예를 들어 「별주부전」과 「토끼전」은 똑같은 이야기의 주인공을 달리함으로써, 독자에게 전혀 다른 감흥을 안겨 준다. 토끼를 용궁으로 데려가야만 하는 자라, 별주부의 입장에서 보면 이 이야기는 참담한 실패의 서사(敍事)가 될 것이고, 독자는 별주부에 대한 안타까운 연민을 느끼게 된다. 그러나 반짝이는 재치를 발휘하여 간을 빼앗길 위기에서 벗어나 용궁을 탈출한 토끼의 입장에서 보면, 이 소설은 약자의 인생 역전 스토리로 해석될 수 있다. 아무것도 가진 것이 없는데 목숨마저 빼앗길 위기에 처할지라도, 정신을 똑바로 차리고 '약간의 재치'만 발휘한다면 스스로를 구원할 수 있다는 것. 이러한 유쾌한 상상력이야말로 갑갑한 백성들의 마음을 뻥 뚫어 주는 '이야기의 힘'이 아닐까.

시점의 승리, 소설의 승리

"귀중한 물건인가? 엄마 좀 읽어봄 안 되나?"

"읽어봐두 괜찮아. 안 되는 거라면 게다 놔둘까 감추지."

나는 조금 성가셔졌다.

"그럼 안심이군. 사실은 벌써 읽어봤어."

"아이, 엄마두."

"그런데 엄마가 얘기하고 싶은 건 숙희가 자기 주위에 일어나는 일들을—이런 편지에 관한 거라든지 또 그 밖의 일들을, 혼자 처리하지 말고 그 요점만이라도 엄마한테 의논해 주었으면 좋겠어. 그런 그렇게 해야만 하는 거야."

듣고 있는 사이에 나는 점점 우울해져서 잠시라도 속히 이 자리에서 떠나고 싶은 생각밖에는 없어졌다.

"엄마가 언제나 숙희 편에 서서 생각하리라는 건 알고 있겠지?"

"응."

나는 선대답을 해놓고 천천히 밖으로 걸어 나갔다.

'엄마의 아들을 사랑하고 있어요.'

이렇게 말한다면 엄마는 어떤 모양으로 내 편에 서 줄까?

엄마 힘에는 미치지 않는 일이었다. 뭇슈·리의 힘에도 미치지 않는 일이었다.

—강신재, 「젊은 느티나무」에서

강신재의 「젊은 느티나무」에서 의붓오빠와 사랑에 빠진 숙희는 아무에게도 자신의 마음을 털어놓을 수 없어 고통스러워한다. '엄마의 아들을 사랑하고 있어요'라고 마음속으로 독백해 보는 숙희의 도발적인 상상은 열여덟 살 소녀의 여리고 순수한 감성과 어우러져 이야기의 긴장감을 극대화한다. 새아버지를 '뭇슈·리'라고 부르는 열여덟 살 소녀, "그에게서는 언제나 비누 냄새가 난다"라는 첫 문장으로 의붓오빠의 캐릭터를 묘사하는 열여덟 살 소녀의 시선. 풋풋하면서도 도발적인 소녀의 시점이야말로 이 소설의 오랜 감동을 자아내는 싱싱한 원동력이 된 것이 아닐까.

시점이 반드시 한 사람으로 고정될 필요는 없다. 영화로도 수없이 리메이크되었던 라클로의 소설 「위험한 관계」(1782)는 파리 사교계를 주름잡는 인사들의 175통의 편지를 모아 만든 소설이다. 물론 편지라는 형식을 빌린 허구적 소설이지만 이런 서간체 소설의 묘미는 독자가 바로 '내가 편지를 받는 것' 같은 생생한 현장감을 느끼게 된다는 데 있다. 여러 사람의 편지로 이루어진 「위험한 관계」는 편지의 수신인과 발신인에 따라 달라지는 사건의 의미, 인물의 성격을 드러냄으로써 역동적인 시점의 미학을 보여 준다. 1인칭 주인공 시점이나 3인칭 관찰자 시점 등의 전형적인 시점으로 구분하기 어려운, 일종의 움직이는 시점, 다중 시점의 매력인 것이다.

 영화 〈라쇼몬〉으로 각색된 아쿠타가와 류노스케의 소설 「덤불 속」 또한 다중 시점의 묘미를 보여 주는 대표적인 사례다. 이 작품은 무사의 시체를 둘러싸고 서로 다른 네 사람의 입장을 그린다. 목격자인 나무꾼, 범인, 살해 당한 남자의 아내, 살해 당한 영혼에 빙의된 무당 등이 서로 다른 진술을 펼쳐 내는데 그 내용이 각각 다르다. 이들은 저마다 자기 합리화를 위해, 혹은 무죄를 증명하기 위해 '나만의 입장'을 증언하고, 이 한 가지 사건은 등장인물 모두의 서로 다른 '시점'에서 전혀 다르게 해석된다. 다중 시점을 통해 어떤 시점으로도 고착할 수 없는 사건의 불확실성을 표현하는 것이다. 신문을 통해 객관적으로 표현되는 진실도 중요하지만, 문학 작품은 저마다의 '마음의 진실', 저마다의 '입장의 진실'이 있다는 것을 일깨움으로써 진실의 입체적 모습을 보여 준다.

 시점의 문제는 단지 창작의 문제일 뿐 아니라 작품 '해석'의 문제가 되기도 한다. 최근에는 '흥부의 입장'보다 '놀부의 입장'에서 「흥부전」을 재해석하는 움직임도 활발히 이루어지고 있다. 「춘향전」을 「향단전」이나 「방자전」으로 해석하여 원작을 통째로 뒤바꾸는 새로운 '패러디' 열풍이 불기도 했다. 「삼국지」를 리메이크한 영화 〈적벽대전〉 또한 시점을 달리함으로써 새로운 형태의 패러디에 성공했다. 유비가 아니라 주유의 시선을 통해 적벽대전을 새롭게 해석하여 독자들에게 「삼국지」를 다시 읽는 즐거움을 선사해 준 것이다.

　이런 식으로 '패러디'의 대표적인 기법 중 하나는 서술자의 '시점'을 달리하는 것이다. 작가는 자신의 의도를 가장 효과적으로 전달하기 위해 화자라는 메신저를 선택한다. 작가와 화자가 반드시 일치하는 것은 아니기에 작가와 화자 사이의 '거리'가 소설을 읽는 재미를 더해 주기도 한다. 독자는 화자라는 메신저를 통해 이야기의 중심으로 서서히 빨려 들어간다. 화자의 시점이 흔들린다면 독자의 시선도 같이 흔들리게 된다. 독자는 화자가 작품 속 세계를 비춰 주는 가상의 카메라의 시선에 의지해서만 소설 속 세계로 들어갈 수 있다. 창조적인 시점의 선택이야말로 소설의 흥미를 배가시킬 뿐 아니라 주제를 돋보이게 만드는 힘이 되는 것이다.

인간의 탈을
쓴 동물

의인화, 혹은 우화적 상상력

동화와 소설 속 동물 캐릭터들

가엾은 미운 오리 새끼는 못생긴 외모 때문에 농가 마당에서 웃음거리가 된 것이 몹시 슬펐다. 날이 갈수록 놀림은 더 심해졌다. 가엾은 오리 새끼는 모두에게 따돌림을 당했다. 나중에는 형제 자매들까지도 매몰차게 이렇게 말하곤 했다.
"야, 못난아, 고양이가 널 잡아가 버리면 좋겠다."
더욱 슬픈 일은 어미 오리도 미운 오리 새끼가 차라리 먼 곳으로 떠나버렸으면 좋겠다고 말하곤 했다는 것이다. 오리들은 미운 오리 새끼를 물어뜯었고, 닭들은 부리로 쪼아 댔으며, 동물들에게 모이를 주는 여자애도 발길로 찼다.

—안데르센, 「미운 오리 새끼」에서

아이들은 이솝 우화나 안데르센 동화를 보며 "동물이 어떻게 말을 해?"라고 따져 묻지 않는다. 아이들은, 소통은 '언어'로만 하는 게 아니라는 것을 온몸으로 알고 있다. 그들은 고통 받는 미운 오리 새끼를 보며 마치 자신이 따돌림을 당하는 것처럼 아프고 안타깝다. 교감이나 소통이 사람과 사람 사이에서만 일어나라는 법은 없음을 아이들은 잘 안다. 아이들은 쉽게 동물이나 사물과도 대화를 나누고 '사람'과 '사람 아닌 것'의 구분 없이 친밀한 교감을 나눈다.

인디언이나 원주민들도 마찬가지다. 아직도 툰드라에서 순록과 함께 살아가는 유목민들은 순록의 이름, 얼굴 하나하나를 모두 기억하고 있다고 한다. 문명인에게는 '똑같아' 보이는 수백 마리 순록의 얼굴이 그들에게는 하나하나 전혀 다른, 개성 넘치는 얼굴들이다. 순록에게도 사람처럼 이름과 성격, 욕망과 인격이 있음을, 툰드라 유목민들은 당연하게 여긴다.

이렇듯 문명인이 잃어버린 '의인화'의 상상력은 아기들이나 원주민들에게 아직 남아 있다. 언어와 문자만이 아니라, 오감으로 느낄 수 있는 모든 자극이 소통의 수단이 될 수 있다. 이렇듯 의인화는 알 수 없는 대상을, 혹은 우리가 무관심하게 스쳐 지나가는 대상을 '친숙하게' 만드는 기법이다.

백석의 시 「수라修羅」(50~51쪽 참조)에서 시적 화자의 마음은 각기 다른 거미 세 마리를 만날 때마다 서서히 바뀐다. 화자는 방바닥에서 첫 번째 거미를 만났을 때는 아무 생각 없이 문밖으로 쓸어 버린다. 거미를 생명체나 인격체로 대하기보다는 귀찮은 존재, 버려야 할 존재로 생각하는 것이다. 이윽고 새끼 거미가 쓸려 나간 곳에 큰 거미가 나타나자 비로소 그 새끼 거미를 찾으러 나온 어미가 아닐까 하는 생각을 한다. 시적 화자는 어미 거미의 처지에 금세 공감하며, 차디찬 바깥이라도 새끼 있는 곳으로 가라며 서러워한다. 단지 '사물'로 대했던 새끼 거미가 누군가의 '자식'이라는 것을, 그 거미를 염려하는 '어미'가 있음을 새삼 깨닫는 장면이다.

큰 거미를 치운 지 얼마 되지 않아 또 한 마리 거미가 나타난다. 거미를 향한 그의 공감은 한층 격렬해진다. 그는 이제 단지 '연민'을 느끼는 것이 아니라 거미와 친밀한 소통을 시작한다. '내 손에 오르기라도 하라'며 거미에게 손을 내밀어 새로운 소통을 시도하는 것이다. 거미는 아무 생각 없이 휙 쓸어 내버릴 수 있는 무감동한 존재에서, '나를 무서워하며 달아나 버리며 나를 서럽게 하는 존재'로 거듭난다. 바로 이것이 굳이 언어가 필요 없는, 생명체와 생명체 사이의 진정한 커뮤니케이션이 아닐까. '나'는 이 작은 거미를 고이 보드라운 종이에 담아 문밖으로 보내며 세 가족이 무사히 서로의 안부를 확인하기를, 서로 만나 다시 가족을 이루기를 기도하는 존재가 된다. '미물'에 불과했던 거미 세 마리가 한 인간의 달힌 마음을 드라마틱하게 변화시킨 것이다.

인간과 동물 사이의 거리, 혹은 장애물

동물 우화나 동물 캐릭터는 우리에게 친근하지만, 인간과 동물 사이의 관계가 늘 원만한 것은 아니었다. 현대 문명은 동물뿐 아니라 자연 전체를 인간의 합리적 이성으로 지배하고 정복하려는 역사이기도 하기 때문이다. '가축'이나 '애완동물'이라는 명칭은 인간이 동물을 인간의 방식대로 길들인 결과일 것이다. 이솝 우화는 동물의 특성과 습성을 빌려 '인간의 이야기'를 하긴 하지만, 동물 자체의 이야기에 귀를 기울인다기보다는 '인간의 성격'에 '동물의 얼굴'만을 입힌 인간 중심적 이야기다.

그림 동화 「브레멘 음악대」나 조지 오웰의 소설 「동물농장」(1945)은 인간 중심주의의 한계를 극복하는 상상력을 보여 준다. 「브레멘 음악대」는 인간에게 버림받은 동물들이 자기들만의 행복한 음악 공동체를 만드는 이야기다. 「동물농장」은 인간의 핍박에 견디다 못한 동물들이 혁명을 일으켜 '모든 동물이 평등한 세상'을 꿈꾸는 이야기를 들려준다. 물론 이 이야기들은 모두 '인간 독자'를 염두에 둔 것들이지만, 우리는 이러한 우화들을 통해 우리가 아무렇지도 않게 착취하고 소비해 온 동물들의 생명에 대한 경외심을 느끼게 된다.

영화에서도 동물과 인간 사이의 갈등을 그린 이야기가 많다. 스티븐 스필버그의 〈조스Jaws〉는 상어를 탐욕스러운 괴물, 도저히 인간과 공존할 수 없는 끔찍한 생명체로 묘사한다. 거대한 상어가 등장할 때 마치 대재앙이라도 일어난 것처럼 순식간에 혼비백산하는 사람들의 모습. 겁에 질린 사람들의 표정과 긴장감 넘치는 음악은 자연에 대한 무지에서 우러나오는 공포를 상징한다. 상어에 대한 기본적인 상식을 갖춘다면 상어를 단지 '인간을 공격하는 동물'로 바라보는 편협한 시각이 잘못된 것임을 누구나 알 수 있다.

흔히 사람들은 이상 기온이나 자연 재해를 설명할 때 '자연의 복수'나 '자연의 분노' 같은 표현을 쓴다. 하지만 과연 자연이 자연을 짓밟은 인간에게 의도적으로 복수하기 위해 지진이나 화산이나 태풍 같은 것을 일부러 만들어 내는 것일까? 그렇다면 수만 년 전부터, 아직 인간이 자연을 정복했다는 자신감이 전혀 없었던 시절에 존재했던 지진과 화산과 태풍은 어떻게 설명해야 할까? 자연(自然)은 그 사전적 의미처럼 '본래부터 저절로 그러한 것'이기에 우리가 자연을 '의인화'하는 것 또한 인간만의 편협한 시각일지 모른다. '의인화'의 동기 자체가 '인간이 아닌 것을 인간처럼 표현하는 것'이니 말이다. 인간은 스스로가 자연의 일부라는 것을 자주 잊고 산다. 자연을 정복한다는 사고방식, 자연을 '자원'으로 사용하는 행위 모두, 자연을 인간 마음대로 조작할 수 있는 무력한 대상으로 바라보는 사고방식에서 나온 것일지 모른다.

인간은 스스로를 '동물'과 구분되는 존재로 격상시키기 위해 오직 '인간적인 특성'을 분리해 내려는 노력을 멈추지 않았다. 인간은 호모 사피엔스(Homo Sapiens: 생각하는 인간), 호모 폴리티쿠스(Homo Politicus: 정치하는 인간)는 물론 심지어 호모 모빌리쿠스(Homo Mobilicus: 휴대폰을 사용하는 인간)라는 말까지 써 가며 자신의 우월함을 증명하려 애써 왔다. 그러나 인간은 누가 뭐래도 '동물'에 포함되는 존재이며, 인간 스스로의 동물성을 부정하는 순간, 자연의 법칙을 거부하는 결과를 낳게 된다. '동물성'이라는 말 자체에 부정적인 가치 판단이 포함되기 쉽지만, '동물성' 자체는 좋은 것도 나쁜 것도 아니다. 동물들은 생태계의 자연법칙에 따라 서로 먹고 먹히기도 하지만, 서로를 아끼고 배려하는 마음 또한 인간 못지않을 뿐만 아니라 때로는 인간을 부끄럽게 만들 정도로 감동적인 사랑과 구원의 제스처들을 보여 준다. 인간이 인간만의 특성으로 생각해 왔던 많은 특징들은 인간뿐 아니라 다른 동물들에게서도 속속 발견되고 있다.

인간과 동물 사이의 네트워크 만들기

허먼 멜빌의 「모비 딕」(1851)은 거대한 흰 고래에게 한쪽 다리를 잃은 에이해브 선장의 처절한 복수극이다. 조그마한 배 한 척으로 거대한 고래에 맞서기 위해 대서양과 인도양과 태평양을 떠도는 에이해브 선장의 모험. 그의 고군분투를 바라보며 독자들은 시간이

지날수록 '고래를 향한 인간의 복수'보다는 '고래와 인간 사이의 교감'을 느끼게 된다. 에이해브는 오랫동안 고래를 연구하고 추격하면서, 고래와 함께, 고래처럼, 마침내 고래가 되어 생각하게 된 것처럼 보인다. 방대한 장편소설 「모비 딕」의 삼분의 일이 넘는 분량은 고래에 대한 묘사와 분석으로 꽉 차 있다. 그러나 아무리 치밀한 자료와 화려한 언어를 동원해도 거대한 고래 모비 딕의 전체적인 모습은 알 수 없다. 허먼 멜빌은 「모비 딕」에서 말한다. 본연의 위엄과 의미를 완전히 갖춘 살아 있는 고래는 이 세상이 다할 때까지도 결코 정확하게 그려질 수 없고, 오직 헤아릴 수 없는 깊은 물속에서만 볼 수 있을 뿐이라고. 우리가 동물, 혹은 '인간이 아닌 모든' 타자에 대해 완전히 이해할 수 없다는 겸허함을 가질 때 비로소 동물 되기는 가능한 것이 아닐까. '우리는 자연을 잘 안다'는 오만함이 아니라 '우리는 아무리 노력해도 자연을 알 수 없다'는 겸허함이야말로 인간과 자연이 소통할 수 있는 출발점이 아닐까.

저렇듯 장대한 고래의 꼬리를 생각하면 할수록 나의 표현력이 서툰 것을 한탄할 뿐이다. 꼬리는 때때로 인간의 손짓도 따르지 못할 만큼 우아한 몸짓을 보여 주나, 그것을 상세하게 표현할 수가 없다. 많은 무리를 짓고 있을 때 그 신비로운 몸짓은 너무나 경이로워서 고래잡이들은 그것을 프리메이슨의 비밀결사의 신호나 부호와 흡사하다고도 하고, 고래는 그것으로써 세계와 지혜로운 대화를 나누고 있는 것이라고 단언한다. 그리고 고래에게는 아주 경험 많은 고래잡이조차도 설명할 수 없는 그런 신비한 거동이 적지 않다. 나로서는 아무리 분석해보더라도 고작 그 껍질을 벗기는 정도밖에 할 수 없다. 나는 고래를 모른다. 그리고 앞으로도 영원히 모를 것 같다. 이렇게 고래의 꼬리조차 모르니 어떻게 머리 부분을 알 수 있겠는가.

―허먼 멜빌, 「모비 딕」에서

고산 윤선도는 「오우가五友歌」에서 자연을 진정한 벗으로 삼는 법을 발견했다. 아마 물과 돌과 소나무와 대나무, 달을 자신의 더없는 친구로 삼게 된 배경에는 끔찍한 외로움이 자리 잡고 있을 것이다. 정치적 압박에 못 이겨 평생 귀양살이를 도맡아 했던 윤선도에게 가장 익숙한 감정은 외로움이었을 것이다. 구름처럼 자주 검어지지도 않고, 바람처럼 자주 그치지도 않는 물의 한결같은 아름다움. 피자마자 쉽게 져 버리는 꽃, 푸르게 되자마자 곧 누렇게 변하는 풀과 달리 늘 변치 않는 바위의 꿋꿋함. 다른 꽃들은 따뜻할 때 피고 다른 풀들은 추우면 시들게 마련인데, 눈과 서리에도 아랑곳없이 늘 푸른 소나무. 나무도 아니고 풀도 아닌데, 누가 시키지 않아도 늘 올곧은 생김새를 지녔을 뿐 아니라 속은 사심 없이 텅 비어 있는 대나무의 맑고 곧음. 천지간의 어둠을 밝히는 작은 달은 세상의 온갖 더러움을 보고도 그것을 누구에게도 발설하지 않으니 능히 내 친구가 될 만하다는 것이다.

「오우가」는 아름답고 고결한 자연을 빗대어 추악하고 탐욕스러운 인간을 풍자한다. 그는 늘 자신을 질투하고 뒤에서 욕하고 자신의 행동을 권력가에게 고자질하는 사람들에 둘러싸여 살지 않았을까. 그토록 인간 세상의 '더러움'을 너무 많이 보았기에, 지독한 외로움 속에서 자연의 소중함을 저토록 아름다운 언어로 묘사할 줄 아는 '눈'이 생긴 것이 아닐까.

내 버디 몇치나 ᄒ니 水石(수석)과 松竹(송죽)이라.
東山(동산)의 둘오르니 그 더옥 반갑고야.
두어라 이 다ᄉ 밧긔 또 더ᄒ야 머엇ᄒ리.

구룸 빗치 조타 ᄒ나 검기랄 ᄌ로 ᄒ다.
ᄇ람 소리 몱다 ᄒ나 그칠 적이 하노매라.
조코도 그츨 뉘 업기는 믈뿐인가 ᄒ노라.

고즌 므스 일로 피면서 쉬이 디고,
플은 어이 ᄒ야 프르는 둣 누르ᄂ니
아마도 변티 아닐ᄉ 바회뿐인가 ᄒ노라.

더우면 곳 피고 치우면 닙 디거늘,
솔아 너는 얻디 눈서리랄 모ᄅᄂ다.

九泉(구천)에 불휘 고든 줄을 글로 ᄒ야 아노라.

나모도 아닌 거시 플도 아닌 거시,
곳기ᄂᆞᆫ 뉘 시기며 속은 어이 뷔연ᄂᆞ다.
더러코 四時(사시)예 프르니 그를 됴하ᄒ노라.

쟉은 거시 노피 떠서 萬物(만물)을 다 비취니
밤듕의 光明(광명)이 너만 ᄒ니 또 잇ᄂᆞ냐.
보고도 말 아니 ᄒ니 내 벋인가 ᄒ노라.

— 윤선도, 「오우가」

인간과 동물은 정말 다를까? 인간과 동물의 차이는 무엇일까? 데카르트는 인간과 동물의 가장 큰 차이는 '이성'의 있고 없음에 달려 있다고 보았다. 그러나 과연 그럴까? 인간에게 있는 이성이 동물에게는 없는 것일까? 인간의 이성이 동물의 판단보다 우월하다는 생각은 어디서 비롯된 편견일까?

찰스 다윈의 「종의 기원」(1859)은 '인간이 동물과 다르지 않다'는 인식을 결코 받아들일 수 없는 인간 중심적 세계에 엄청난 파문을 일으켰다. 동물을 '가축'이나 '애완동물', 동물원의 전시 상품으로 전락시킨 인간 중심주의는 동물뿐 아니라 인간 스스로의 존엄성을 훼손하는 행위이기도 했다. 인간 중심주의는 인간의 '이성'을 강조하여, 인간에게 엄연히 존재하는 '동물성'을 억압하고 제거하는 행위를 정당화했기 때문이다.

　윤선도는 '사람'인 친구를 하나도 찾을 수 없을 정도로 외로워진 순간, 비로소 자연이라는 소중한 벗들의 의미를 알아채지 않았을까. 그는 자연 속에서 사람보다 나은 것, 사람을 뛰어넘는 자연의 속성을 발견했다. 인간을 뛰어넘는 자연과 만나는 일은 곧 인간 본연의 아름다움을 되찾는 일이기도 하다. 윤선도는 지독한 외로움 속에서 자연과의 아름다운 커뮤니케이션을 꿈꿀 수 있었다. 우리는 어쩌면 동물의 목소리, 인간이 아닌 다른 생물체의 목소리를 듣기 위해 주변의 화려하고 떠들썩한 미디어의 전원을 가끔 꺼놓을 필요가 있다.

하늘의 별이
튀밥 같다고?

―

창조의 도구, 은유와 직유

유사성의 직유, 상사성의 은유

문학은 교과서나 책에만 등장하는 것이 아니다. 특히 은유와 직유를 비롯한 다채로운 '비유'의 수사학은 우리가 매일매일 자신도 모르게 동원하는 문학적 상상력이다. 친구에게 문자 메시지를 보낼 때, 주변 사람에게 자신의 상황을 설명할 때, 사랑하는 사람에게 자신의 두근거리는 마음을 전할 때, 우리는 자신도 모르게 조금씩은 '시인'의 열정을 불태운다. '넌 여우 같다.' '그는 늑대 같아.' '아기가 천사 같아.' '피부가 실크 같아.' '비가 억수같이 내린다.' 등 '직유'는 일상에 깊숙이 파고든 문학적 상상력의 원천이다.

노래 가사 속에서도 '은유'의 힘을 곳곳에서 발견할 수 있다. 다음 노래 가사들은 '사랑'이라는 복잡한 감정을 설명하기 위해 사람들이 얼마나 다양한 은유를 일상적으로 사용하는지 일깨워 준다.

Some say love, it is a river that drowns the tender reed.
사랑이란 여린 갈대를 빠지게 하는 강물이라고도 하죠.
Some say love, it is a razor that leaves your soul to bleed.
사랑은 영혼에 상처를 내어 피 흘리게 하는 면도날과 같다는 말도 있죠.
Some say love, it is a hunger, an endless aching need.
사랑은 굶주림으로 가득 찬 끝없는 열망이라고도 하죠.
I say love it is a flower and you it's only seed.
나는 말합니다, 사랑은 꽃이라고, 그리고 당신은 그 꽃의 단 하나의 씨앗이라고.

―베트 미들러, 〈장미〉

Love is real, real is love
사랑은 진실이지, 진실이 사랑이야
Love is feeling, feeling is love
사랑은 느낌이야, 느낌이 사랑이지
Love is touch, touch is love
사랑은 닿는 것, 닿는 것이 사랑이지

Love is reaching, reaching love

사랑이란 다가가는 것, 다가가는 것이 사랑이야

(……)Love is you, you and me

사랑은 바로 너, 너와 나야

(……)Love is free, free is love

사랑은 자유, 자유가 바로 사랑이지

—존 레넌, 〈사랑〉

   직유가 원관념(비유법에서, 표현하고자 하는 실제 내용)과 보조관념(비유에서 원관념의 뜻이나 분위기가 잘 드러나도록 도와주는 관념) 사이의 '유사성'에 기초하고 있다면, 은유는 원관념과 보조관념 사이의 '상사(相似)성' 혹은 '차이'에 기초하는 문학적 상상력이다. '~같다', '~듯', '~처럼'으로 표현되는 직유와 달리, 은유는 'A는 B다'라고 곧바로 선언한다.

   존 레넌의 노래에서 사랑은 느낌이며, 누군가의 피부와 닿는 것이고, 누군가에게 다가가는 것이라는 비유도 멋지지만, '사랑은 너, 너와 나'라는 은유가 훨씬 강력하게 다가온다. 그 이유는 바로 은유가 원관념과 보조관념 사이의 '차이'에서 감동을 자아내는 기술이기 때문이다. '사랑'과 '너'는 언뜻 아무 상관이 없어 보인다. 그러나 '사랑은 바로 너'라는 은유로 인해 '사랑'과 '너' 사이의 거리, '너'와 '나' 사이의 거리가 단숨에 좁혀진다. 서로 상관없어 보이던 '사랑'

과 '너'를 단숨에 '같게' 만들어 버리는 은유의 힘은 사랑에 대한 우리의 경험과 지식에 강력하게 호소하는 것이다. 은유는 이렇듯 전혀 다른 것들 속에서 '같은 것'을 발견해 내고, 그 '다른 것들 속의 같음'을 통해 사물의 본질을 더욱 명징하게 이해하게 만드는 것이다.

초승달이 낫 같아
산마루의 나무를 베는데
땅 위에 넘어져도 소리 나지 않고
곁가지가 길 위에 가로 걸리네

— 곽말약, 「초승달」

이 시는 우리의 일상 속에서 가장 흔히 쓰는 '직유'의 상상력도 어떻게 사용하는가에 따라 얼마나 창조적인 문학적 긴장감을 자아낼 수 있는지를 보여 준다. 초승달이 나무에 걸려 있는 모습에서 '낫이 나무를 베는' 모습을 상상하는 시인의 참신한 상상력은 독자의 마음속에 '사물을 다른 각도에서 바라보는 법'을 일깨워 준다.

가을 밤의 어둠 속에서 큰누이는 냉이꽃처럼 가늘게 휘청거리며 걸어왔다. 이번 달은 공장에서 야근 수당까지 받았어. 초록색 추리닝 윗도리를 하나 사고 싶은데. 요새 친구들이 많이 입고 출근해. 나는 오징어가 먹고 싶어. 그건 오래 씹을 수 있고 맛도 좋으니까. (……) 작은누이가 마침내 울

음을 터뜨렸다. 죽은 맨드라미처럼 빨간 내복이 스웨터 밖으로 나와 있었다. (……) 하늘에는 벌써 튀밥 같은 별들이 떴다. 어머니가 그만 씻으시래요. 다음날 무엇을 보여주려고 나팔꽃들은 저렇게 오므라들어 잠을 잘까. 아버지는 흙 속에서 천천히 걸어나오셨다. 봐라. 나는 이렇게 쉽게 뽑히는구나. (……) 선생님. 가정 방문은 가지 마세요. 저희 집은 너무 멀어요. 그래도 너는 반장인데. 집에는 아무도 없고요. 아버지 혼자, 낮에는요. 방과 후 긴 방죽을 따라 걸어오면서 나는 몇 번이나 책가방 속의 월말고사 상장을 생각했다. 둑방에는 패랭이꽃이 무수히 피어 있었다. 모두 다 꽃씨들을 갖고 있다니. 작은 씨앗들이 어떻게 큰 꽃이 될까. 나는 풀밭에 꽂혀서 잠을 잤다. 그날 밤 늦게 작은누이가 돌아왔다. 아버진 좀 어떠시니. 누이의 몸에서 석유 냄새가 났다. 글쎄, 자전거도 타지 않구 책가방을 든 채 백 장을 돌리겠다는 말이냐? 창문을 열자 어둠 속에서 바람에 불려 몇 그루 미루나무가 거대한 빵처럼 부풀어오르는 게 보였다. 그리고 나는 그날, 상장을 접어 개천에 종이배로 띄운 일을 누구에게도 말하지 않았다.

—기형도, 「위험한 家系·1969」에서

　　기형도의 시 「위험한 家系·1969」에는 항상 외롭고 늘 배가 고픈 소년의 눈에 비친 세상이 펼쳐진다. "하늘에는 벌써 튀밥 같은 별들이 떴다." "창문을 열자 어둠 속에서 바람에 불려 몇 그루 미루나무가 거대한 빵처럼 부풀어오르는 게 보였다." 얼마나 배가 고프면 하늘에 총총 뜬 별이 '튀밥'처럼 보이고, 미루나무가 '거대한 빵처럼'

부풀어 오르는 것으로 보였을까. 이렇듯 은유와 직유는 낯익은 사물을 낯설게 만들어 사물을 다른 각도에서 바라보게 만든다. 은유는 우리와 전혀 상관 없어 보이는 '타인의 삶'을 우리가 기꺼이 감정이입할 수 있는 '우리의 삶'으로 끌어당기는 힘을 지니고 있다. 기형도의 시에서 '튀밥'과 '빵'이 얼마나 슬픈 의미로 쓰였는지를 기억하는 독자들은, 앞으로는 '튀밥'이나 '빵'만 보아도 한 소년의 깊은 슬픔을 떠올릴 것이다. 비유는 이렇듯 '서로 무관해 보이는' 존재를 서로의 삶 깊숙이 끌어들이는 상상의 네트워크를 구성한다.

언어의 창조적 힘을 증명

- 남들처럼 평범하게 살고 싶다.
- 공주처럼 차려 입고 어딜 가니?
- 그는 저승사자처럼 무서운 얼굴이었다.
- 내 꿈은 슈퍼맨처럼 모든 면에서 뛰어난 인간이 되는 것입니다.
- 바비 인형처럼 아름다운 속눈썹을 위해!
- 연예인처럼 초콜릿 복근을 갖고 싶으세요?
- 새 차처럼 반짝반짝 광택내기!
- 거꾸로 강을 거슬러 오르는 저 힘찬 연어들처럼.
- 춤추라, 아무도 바라보고 있지 않은 것처럼.
  사랑하라, 한번도 상처받지 않은 것처럼.

노래하라, 아무도 듣고 있지 않은 것처럼.

일하라, 돈이 필요하지 않은 것처럼.

살라, 오늘이 마지막 날인 것처럼.

우리 일상 속에서 쉽게 찾아볼 수 있는 '직유'의 사례들이다. 이렇듯 비유는 대상을 좀 더 이해하기 쉽고 친밀한 것으로 바꿔 주는 설명의 기능을 도맡기도 한다. 청중이나 독자에게 보다 친근한 보조관념을 동원해 원관념의 모호함이나 난해함을 극복하는 방법으로 말이다.

비유는 그 사회의 보편적 신념이나 상식의 토대를 드러내기도 한다. '남자는 늑대고, 여자는 여우다'라는 식의 상투적인 은유가 통용되던 시절에는 남성의 음흉함과 여성의 교활함을 남녀의 결정적인 본성으로 파악하는 사고방식이 퍼져 있었다. 비유는 또한 남과 여의 수많은 본성과 특징들 중에 유독 '늑대'와 '여우'의 본성만을 (물론 이것은 인간의 눈에 비친 동물, 인간이 편의적으로 해석한 동물의 본능이다) 콕 집어 가리키는 '의미 한정'의 역할도 한다. 은유는 다양한 사고의 가능성 중에서 핵심적인 부분을 걸러 내는 표현의 '필터' 역할도 하는 셈이다.

은유나 직유의 방식 자체에 정치적 이해관계나 개인의 신념이 개입되는 경우도 많다. 냉전 시대에 간첩을 '늑대'에 비유하거나 사회주의 국가를 '괴물'이나 '악마' 같은 부정적인 이미지로 비유했던 것은 비유의 정치적인 힘을 나타내는 사례다. 남아 선호 사상이 팽배했을 때 아들을 '옥동자'나 '떡두꺼비'에 비유하며 유난히 추어올렸던 것도 남성 중심 사회의 이데올로기를 반영하는 비유법의 사례다. 국군 병사들을 '대한의 아들들'이라고 부르는 사고방식에는 국가를 부모에 비유하고 병사를 아들에 비유하는 '가족의 은유'가 숨어 있다.

은유에는 유희적 기능도 있다. 낯선 사물을 낯익은 것으로 바꾸는 것도 은유지만 낯익은 사물을 낯설게 하는 것도 은유의 기쁨 중 하나다. 은유를 통해 추상적이거나 모호한 대상을 더욱 구체적이고 생생하게 표현하기도 하고, 사물을 다른 각도에서 바라보기도 한다. 참신한 은유는 원관념 A와 보조관념 B 사이에 이미 존재하는 유사성을 묘사하는 데 그치지 않고, 전혀 다른 두 사물 A와 B의 유사성을 '창조'한다.

은유는 논리적으로 따지자면 '거짓말'에 속할 때가 많다. 내 마음이 곧 호수일 수도 없고, 인간이 갑자기 '섬'으로 변신할 수도 없으니 말이다. 은유는 비록 논리적으로 '참'이 아닐지라도 의미의 '비약'을 통해 인간의 상상력에 호소한다. 은유는 단지 화려한 말 꾸밈이나 효과적인 정보 전달을 위해서가 아니라 새로운 사유를 생성하는 언어의 창조적 힘을 증명한다.

은유의 자매, 환유

① 배가 시야로 들어오고 있다.
② 어떻게 제임스는 유리창 닦는 일에서 벗어났을까?
③ 그녀는 사랑에 빠졌다.
④ 어제 너 때문에 정말 열 받았어.
⑤ 너에게 이런 큰 짐을 떠넘겨서 미안하다.
⑥ 그녀는 참고 또 참다못해 뚜껑이 열렸다.
⑦ 나는 첫눈에 그 사람의 그릇을 알아봤다니까.

 은유는 단지 '내 마음은 호수다'처럼 명시적으로 원관념과 보조관념이 제시되지 않을 때도 작동되는 '사유의 원리'이기도 하다. ①, ②, ③은 어떤 특정한 상황을 관념적인 '공간'에 비유함으로써, '들어오다', '벗어나다', '빠지다' 같은 동사를 사용하여 간접적으로 은유적 사고를 펼친다. ④에서 '열'은 '화'나 '분노'를 의미하는 은유이고, ⑤에서 '짐'은 물질적인 것이 아니라 추상적인 '부담'이나 '책임'을 의미하는 은유다. ⑥에서 '뚜껑'이라는 표현은 사람의 몸 전체를 '그릇'으로 은유하기 때문에 가능한 것이다. ⑦에서 '그릇'은 사람의 인격이나 도량, 사유의 폭과 넓이 등을 은유한다. 이런 은유는 매우 무의식적이고 자연스러운 것이라 우리도 모르는 사이 사용하는 것들이다. '꼭대기'를 높은 지위에 '밑바닥'을 낮은 지위에 비유하는 것, 아내나 남편을 '반쪽'이라고 표현하는 것도 우리가 인식하지 못한 채 자주 사용하는 은유다. 은유의 '자매' 개념인 '환유(metonymy)' 또한 우리가 일상적으로 활용하는 비유법이다.

① 그 빨강머리는 정말 정열적이야.
② 그는 포드를 샀다.
③ 지하철은 파업 중이다.
④ 부시 대통령은 이라크를 공격했다.
⑤ 국방부는 군복무 기간을 연장시키려 한다.
⑥ 청와대는 국민의 목소리에 귀 기울여야 한다.
⑦ 1980년 광주는 우리 역사의 대격변을 예고했다.

환유는 어떤 사물을, 그것의 속성과 밀접한 관계가 있는 다른 낱말을 빌려서 표현하는 수사법이다. 캐나다를 '단풍잎'으로, 한민족을 '흰옷'으로 표현하는 것이 그 사례다. ①은 부분(빨강머리)으로 전체(빨강머리를 한 사람)를 대신하는 환유, ②는 생산자(포드)로 생산품(포드 사에서 만든 자동차)을 대신하는 환유, ③은 사용되는 물건(지하철)으로 사용자(지하철 노동자)를 대신하는 환유, ④는 통제자(부시 대통령)로 피통제자(연합군)를 대신하는 환유, ⑤는 기관(국방부)으로 책임자(국방부 장관)를 대신하는 환유, ⑥은 장소(청와대)로 기관(정부)을 대신하는 환유, ⑦은 장소(광주)로 사건(광주민중항쟁)을 대신하는 환유의 사례다. 이렇듯 우리는 굳이 고도의 문학적 훈련을 받지 않고도 이미 일상 속에서 다채로운 비유법을 사용하고 있는 셈이다.

은유는 '생각의 해부도'

'질병과의 전쟁', '범죄와의 전쟁', '마약과의 전쟁', '빈곤과의 전쟁'. 틈만 나면 적과의 전쟁을 선포하는 이러한 사고방식은 주로 국가를 비롯한 거대한 조직이 자신들의 힘을 과시할 때 자주 나타난다. 문학평론가 수전 손택(Susan Sontag)은 걸핏하면 군사적 은유를 남용하는 사회는 지나친 경쟁과 효율 중심의 사회이며 정당한 윤리적 호소가 빛을 발하지 못하는 사회라고 비판한다. 특히 그녀는 의학적 상황을 전쟁에 비유하는 것은 이미 질병으로 고통받는 환자를 더욱 고통스럽게 만드는 행위라고 지적한다. 질병은 외부 조직의 '침략'이고 신체는 면역적 '방어' 기제를 동원하는 것처럼 신체 내의 '군사 작전'을 통해 이에 반응한다는 식으로 교육하는 것이 대표적인 사례다.

이런 전쟁의 은유는 의사와 환자의 관계에도 영향을 미친다. 의사는 마치 신체라는 '군사'를 훈련시키고 통제하는 '사령관'처럼 환자 위에 군림하는 존재가 되어 버리는 것이다. 군사학적 은유가 질병에 대한 사유 자체를 전쟁의 시스템으로 바꾸어 버린다. '암'을 둘러싼 갖가지 공격적 은유들, 예를 들어 '암적인 존재'라든지 '암과의 전쟁' 같은 비유는 바로 암 그 자체를 '저주'나 '신의 심판'으로 비유하는 사고방식을 보여 주는 것이다. 마치 암에 걸린 것이 '잘못된 삶에 대한 징벌'인 것처럼 바라보는 시선, 암이 고통스러운 삶에 대한 '대가'인 것처럼 바라보는 것 또한 모두 암을 둘러싼 잘못된 은유적 사고의 결과인 셈이다. 수전 손택은 『은유로서의 질병』에서 질병 자체의 고통만큼이나 질병에 대한 악의적인 은유들과 신화들이 환자를 괴롭힌다고 했다. 이렇듯 은유는 단지 수사법에 그치는 것이 아니라 우리 사유의 밑그림이자 토양이기도 하다.

은유는 우리 삶을 더욱 풍요롭고 아름답게 가꾸는 '언어의 비료'이기도 하다. 어떤 은유를 얼마나 창조적으로 활용하느냐에 따라 우리의 삶은 매번 다른 빛깔과 향기로 거듭난다. 오르테가 이 가세트(Ortega y Gasset)는 은유가 가진 창조적 힘을 이렇게 예찬했다.

"은유는 아마도 인간의 가장 다산적인 잠재력일 것이다. 은유의 효력은 마술에 접해 있다. 그것은 신이 인간을 만들었을 때 그의 피조물의 몸속에다 깜빡 잊어버리고 놓아둔 창조의 도구처럼 보인다."

그들은 왜 걸핏하면
'방앗간'을 찾을까?

상징의 신비로운 힘

문학의 비밀 병기

멋진 문학 작품이 아름다운 상징으로 가득한, 영원히 끝나지 않는 미지의 세계처럼 느껴지던 시절이 있었다. 사춘기 시절, 문학을 즐기는 법은 곧 수수께끼 같은 상징의 바다를 헤엄치는 모험처럼 느껴졌다. 그 끝을 누구도 알 수 없는 모험이기에 더욱 흥미진진한, 어떤 '포상'도 걸려 있지 않기에 오히려 구미가 당기는 내면의 모험, 그것이 바로 문학이 지닌 은밀한 매력 중 하나였다.

 작품을 해석의 미로로 만들어 내는, 풍요로운 상징의 춤을 발견할 수 없는 작품은 마치 아무런 비밀 없는 연애처럼 따분하게 느껴졌다. 상징은 수학이나 과학처럼 논리적인 학문에서는 찾기 어려운 감성적 쾌락을 선물해 주었다. 하나의 해석으로 만족할 수 없는 상징들, 해석하면 해석할수록 신비해지는 상징들은 문학이 가진 은밀한 특권처럼 다가왔다. 상징의 날개를 단 아름다운 시편들은 문학 왕국으로 날아가는 편도 승차권이었고, 의미심장한 상징을 제목으로 단 소설들은 '현실이라는 육지'와 '문학이라는 섬'을 이어 주는 기나긴 징검다리 같았다.

> 아무도 그에게 수심(水深)을 일러 준 일이 없기에
> 흰 나비는 도무지 바다가 무섭지 않다.
> 청(靑)무밭인가 해서 내려갔다가는
> 어린 날개가 물결에 절어서
> 공주(公主)처럼 지쳐서 돌아온다.
> 삼월(三月)달 바다가 꽃이 피지 않아서 서글픈
> 나비 허리에 새파란 초생달이 시리다.
>
> ─ 김기림, 「바다와 나비」

상징은 무엇보다도 상투적이고 일상적인 어법과는 '조금 다르게 말하는' 문학의 비밀 병기다. 예를 들어 문학에서 '방앗간'은 왜 걸핏하면 남녀 사이의 은밀한 사랑의 공간으로 나타날까? '물'은 왜 그토록 많은 문학 작품의 소재가 되었을까? '불'은 왜 그토록 많은 작품의 피날레를 장식했을까? '용'은 왜 그토록 많은 동서양의 신화에서 단골손님이 되었을까? 설화나 전설 속에서는 지혜롭고 꾀 많은 동물로 나타나는 '쥐'가 왜 현대문학에서는 전염병의 메신저이거나 대재난의 상징으로 등장할까? '달'은 왜 아름답고 낭만적인 사랑의 상징이기도 하고 주체할 수 없는 여인의 광기의 상징이기도 할까? 이런 질문들을 하다 보면 문학에는 너무 많은 상징의 비밀 통로가 있어 평생 그 비밀 통로만 찾아 헤매도 시간이 모자랄 것 같은 느낌에 저절로 아득해지곤 했다.

동서고금의 독자들을 오랫동안 사로잡은 상징들의 특징은 주로 어떤 현상의 '원형'이 될 만한 신화적 요소를 품고 있다는 점이다. 오래가는 상징들은 하나같이 그 상징과 해석이 지닌 고유의 역사를 머금고 있다. 예를 들어 '물'은 기독교의 홍수 신화를 비롯해 전 세계에서 나타나는 보편적인 종족 보존의 서사 속에서 빈번하게 등장한다. 물을 이해하고 물에 대처하고 물과 함께 살아가는 것, 즉 치수(治水)야말로 동서고금 문명의 핵심적 화두였기 때문이다.

불이 작품의 피날레를 장식하곤 하는 이유도 상징의 '원형'과 상징의 '역사'를 돌아보면 금세 이해가 된다. 물이 창조한 세계를 파괴하는 가장 확실한 방법은 바로 세계의 생생한 육체를 흔적 없이 태워 버리는 '불'의 힘이었기 때문이다. 파괴와 창조는 동전의 양면 같은 것이기에, '불'은 모든 것이 타고 남은 잿더미 위에서 새롭게 삶을 시작하는 인간의 희망을 상징하기도 한다.

"아니, 내가 그걸 어떻게 할 수 있어?", 이렇게 생각한다면 이게 바로 우리 안에 갇혀 있는 용입니다. "안 돼, 나는 작가가 될 수 없을 거야"라든지 "나는 아무개가 하는 일은 도저히 할 수 없을 거야", 이런다면 이게 바로 우리 안에 갇혀 있는 용입니다. (……) 심리학적으로 말하자면, 용은 다른 것이 아니라 자아에 속박된 '자기'입니다. 우리는 우리의 용 우리에 갇혀 있어요. 분석 심리학은 용을 쳐부수고 무너뜨림으로써 우리를 더 넓은 관계의 마당으로 이끌어내는 것을 목표로 합니다. 궁극적인 용은 우리 안에 있어요. 우리를 엄중히 감시하고 있는 우리의 자아, 이게 바로 용입니다.

—조셉 캠벨·빌 모이어스, 『신화의 힘』에서

    동물 상징은 전 세계 어디서나 나타나는, 각종 문학 작품의 단골 상징이다. 특히 '용'은 동서 문학을 통틀어 가장 빈번하게 나타나는 풍요로운 상징의 주인공이다. 동서고금을 통해 보편적으로 나타나는 상상의 동물 '용'은 영웅의 혹독한 통과의례의 마지막 관문을 지키고 있는 존재다. 용과 싸워 이기는 것은 곧 내 안의 두려움(과연 내게 주어진 미션을 잘 해낼 수 있을까)을 극복하는 길이며, 용과 싸워 이기는 자에게는 '영웅'의 칭호가 자연스럽게 내려진다.
    용은 반드시 외부의 적이 아니라 우리 마음 깊이 숨어 있는 '내 안의 어두운 분신'이기도 하다. 내가 정말 그 일을 할 수 있을까 하는 두려움, 아무것도 제대로 해낼 수 없을 것만 같은 불안이야말로 우리 안에 숨은 '용'의 연약한 내면일지도 모른다. 주인공이 '두려움'이라는 '용'과 싸워 이기는 순간이야말로 우리 가슴속에 저마다 잠들어 있는 새로운 '자아'가 깨어나는 순간인 것이다.

의미의 해방공간, 상징

> 어미를 따라 잡힌
> 어린 게 한 마리
>
> 큰 게들이 새끼줄에 묶여
> 거품을 뿜으며 헛발질할 때
> 게장수의 구럭을 빠져나와
> 옆으로 옆으로 아스팔트를 기어간다
> 개펄에서 숨바꼭질하던 시절
> 바다의 자유는 어디 있을까
> 눈을 세워 사방을 두리번거리다
> 달려오는 군용 트럭에 깔려
> 길바닥에 터져 죽는다
>
> 먼지 속에 썩어가는 어린 게의 시체
> 아무도 보지 않는 찬란한 빛
>
> ─김광규, 「어린 게의 죽음」

작품의 상징은 시대적 분위기에 따라 해석되는 경우가 많다. 1978년에 발표된 「어린 게의 죽음」은 군사 독재로부터 벗어나고 싶어 했던 민중의 의지를 예찬하는 작품으로 해석되어 왔다. 어미를 따라 잡힌 어린 게 한 마리는 군사 독재에 신음하는 연약한 민중을 상징하고, 게를 잡는 '구럭'은 인간의 자유를 속박하는 현실을 상징한다는 식으로 말이다. '군용 트럭'은 군사 독재의 폭력을 상징하고, '아무도 보지 않는 찬란한 빛'은 자유를 위해 투쟁한 사람들의 아름다운 영혼을 상징한다는 것이다.

그러나 상징의 의미가 늘 고정되어 있는 것은 아니다. 구구절절한 분석 없이도 상징은 충분히 아름답다. 상징의 매혹은 직관적으로 다가온다. 매력적인 상징은 시대적 맥락을 떠나서도 변함없이 새로운 생명력을 지닌다. 군사 독재 시절의 분위기를 직접 경험하지 못한 젊은 세대들도 이 시를 읽으면 살아 있는 어린 게의 생생한 이미지가 떠오를 것이다. 자유를 얻기 위해 싸우는 사람들, 자신의 자리에서 해방을 꿈꾸는 사람들 모두가 이런 '아무도 보지 않는 찬란한 빛'을 간직한 사랑스러운 어린 게 한 마리일 수 있다.

고교 시절 문학 수업이 가장 재미없어진 순간은 '수능 대비형' 문제 풀이를 시작할 때였다. 문학 선생님의 나지막한 시낭송을 들으며 꿈꾸는 듯한 표정을 짓고 있다가도, '오지선다형'의 지문에서 한 개 혹은 두 개를 골라내야 하는 엄청난 딜레마에 빠지는 순간, 문학을 향한 애틋한 동경이 확 사라졌다. 각종 수능 대비 문제집을 꽉

채운 오지선다형 문제들을 접하는 순간, 문학에 대한 내 짝사랑은 여지없이 와르르 무너지곤 했다. 아직 '문학' 자체와 '문학을 유통하는 사회'를 구분하지 못하던 때였다.

사실 많은 사람들이 어린 시절 '문학을 유통하는 사회'의 답답한 교육 방식에 질려 '문학 자체'에서 멀어지곤 한다. 예를 들어 '이 작품에서 단어 A의 상징적 의미가 아닌 것은?' 같은 문제와 마주하면, 사람들은 이 문제 풀이가 너무 싫은 나머지 '상징'이라는 문학적 코드 자체를 혐오하게 될 수 있다. 우리가 '상징'과 친밀해지기 위해서는 오지선다형 문제 풀이가 아니라, 상징이 지니고 있는 풍요로운 의미를 좀 더 천천히 곱씹어 보는 마음의 여유가 필요하다.

한용운의 '님'이 오직 '조국'을 상징하기만 한다면, 그 '님'은 얼마나 편협한 '님'인가. 그의 아름다운 시들이 지닌 무한한 상징의 가능성은 '식민지 조국'이라는 좁다란 해석에 갇혀 질식당하지 않겠는가. 'A는 B를 상징하는 거야'라고 '단정'짓는 것이야말로 상징을 취급하는 가장 위험한 방법이다. '이 중에서 A를 상징하는 것이 아닌 것을 골라 봐'라고 요구하는 것 또한 독자의 자유로운 상상력을 부정하고 배제하는 행위다. 이런 식의 훈련은 독자를 '문학에서 멀어지도록 부채질하는' 문학 수업이다.

상징에 대한 탐구는 좀 더 자유로운 방식으로 이루어지는 것이 낫지 않을까. 이 시의 이 단어가 가리키는 상징에 대해 자유롭게 수다를 떨어 보라고, 혹은 일기처럼 편안하게 이 시어의 '상징'이 의

미하는 것들을 주저리주저리 적어 보라고. 그것도 어렵다면, 이 시의 상징이 우리에게 말을 걸어올 때까지 열 번이고 백 번이고 '소리 내어' 음미해 보라고.

　상징은 '자로 잰 듯 명확한 답'이 없다는 것 때문에 문학을 더더욱 문학답게 만드는 신비로운 에너지가 아닐까. 상징은 '너의 해석'과 '나의 해석'이 충돌하고 모순되는 과정 속에서 더욱 다채로운 의미의 향연을 연출한다. 우리가 쉽게 'A는 B를 상징하는 거야'라고 말하지 않고, 단칼에 규정할 수 없는 모호한 상징의 의미를 캐내기 위해 사유의 모험을 시작한다면 어떨까. 결코 말로 표현하기 어려운 '상징의 의미'를 표현하기 위해 저마다 애쓰다 보면 우리는 조금씩 상징의 묘미에 가까이 다가가게 된다. 제한된 언어로 '언어 이상'의 세계를 노래하고, 아주 일상적이고 상투적인 현상에 대한 관찰만으로도 생의 신비를 노래할 수 있는 마법, 그것이 바로 상징의 힘이니.

　『몽상의 시학』(1960)에서 바슐라르(Gaston Bachelard)는 '상징'이 '마법'으로 변하는 순간을 이렇게 표현한다. 꽃이나 과일 같은 친숙하고도 단순한 대상이 갑자기 자기 생각을 해 달라고, 자기 곁에서 꿈꾸어 달라고, 인간의 동반자 대열에 발돋움하는 걸 도와 달라고 시인에게 다가와서 부추기는 순간이 있다고. 물론 이 세상의 모든 물건이 손쉽게 시적 몽상에 쓰일 수 있는 것은 아니다. 그러나 시인이 대상을 한 번 선택하면 대상은 시인의 손길로 인해 새로운 의미를 부여받게 되고, 그렇게 시인에게 선택된 대상은 '시적인 것'으로 승진한다고 말이다.

상징은 그 '모호성'을 대가로 수많은 해석의 자유를 선물해 주는 문학의 보물 창고다. 상징에는 지극히 일상적인 사물이나 사건들조차 수천 겹의 비밀로 반짝이게 하는 힘이 있다. 햇살에 눈부시게 부서지는 분수의 물방울이 수천수만 개의 스펙트럼으로 갈라지듯 상징은 아주 압축적인 단어나 이미지를 통해 수많은 의미들이 숨어 있을 수 있는 해방의 공간을 마련해 준다.

상징 없는 세상은 온통 검은색이나 흰색으로만 색칠된 스케치북처럼 단조롭고 지루하지 않을까. 우리가 바라보는 모든 것들에서 그저 눈에 보이는 축자(逐字)적 의미만을 추출하고 만족한다면, 아무런 함축된 의미도 없이 건조한 '팩트(fact)'만이 창궐한다면, 이 세상은 얼마나 권태롭고 지루할까.

어쩐지 너무
운수가 좋다 했더니

아이러니, 반대로 말하기,
혹은 뜻대로 되지 않기

숨기면서도 드러내기

누가 봐도 예쁜 아기에게 "아이구, 우리 못난이!"라고 말하는 어른들, 누가 봐도 잘못한 일에 "그것 참 잘했다, 잘했어!"라고 말하는 어른들의 화법. 어린 시절엔 그 '거꾸로 말하기 전법'이 이상하게 여겨졌다. 그것이 '반어법(verbal irony)'이라는 것을 알고 나서는 나 또한 어른들의 말투를 곧잘 따라 하게 되었다.

 반어법은 주로 공공연한 칭찬이나 비난을 피하는 간접적인 표현이 필요할 때 쓰인다. 좋아하는 짝꿍을 괜스레 괴롭히고 싶은 마음, 아끼고 사랑하는 것을 향해 칭찬보다는 왠지 편잔을 주고 싶은 마음. 이런 반어적 충동이 문학 작품의 구조로 확대되면 '극적 아이러니(dramatic irony)'가 된다. 김유정의 「동백꽃」(1936)에서 점순이가 '나'에게 하는 행동이 바로 그런 경우다. 점순이는 '나'를 좋아하는 마음을 '나'의 닭을 괴롭히는 행동으로 표현한다. 좋아하기 때문에 더더욱 그에게 가혹해지는 반어적 심리, 마음과 행동의 거리를 둠으로써 자신의 진심을 '숨기면서도 드러내는' 것. '나'를 사랑할수록 '나'를 더욱 괴롭히는 점순이의 그 미묘한 짝사랑의 감정이야말로 '아이러니'의 대표적 사례다.

> 오늘도 또 우리 수탉이 막 쪼이었다. 내가 점심을 먹고 나무를 하러 갈 양으로 나올 때이었다. 산으로 올라서려니까 등 뒤에서 푸드덕 푸드덕 하고 닭의 횃소리가 야단이다. 깜짝 놀라며 고개를 돌려보니 아니나 다르랴, 두 놈이 또 얼리었다.
> 점순네 수탉(은 대강이가 크고 똑 오소리같이 실팍하게 생긴 놈)이 덩저리 작은 우리 수탉을 함부로 해내는 것이다. 그것도 그냥 해내는 것이 아니라 푸드덕하고 면두를 쪼고 물러섰다가 좀 사이를 두고 푸드덕하고 모가지를 쪼았다. 이렇게 멋을 부려가며 여지없이 닦아놓는다. 그러면 이 못생긴 것은 쪼일 적마다 주둥이로 땅을 받으며 그 비명이 킥, 킥, 할 뿐이다. 물론 미처 아물지도 않은 면두를 또 쪼이며 붉은 선혈은 뚝뚝 떨어진다.
> 이걸 가만히 내려다보자니 내 대강이가 터져서 피가 흐르는 것같이 두

눈에서 불이 번쩍 난다. 대뜸 지게막대기를 메고 달려들어 점순네 닭을 후려칠까 하다가 생각을 고쳐먹고 헛매질로 떼어만 놓았다.
이번에도 점순이가 쌈을 붙여놨을 것이다. 바짝바짝 내 기를 올리느라고 그랬음에 틀림없을 것이다.
고놈의 계집애가 요새로 들어서 왜 나를 못 먹겠다고 고렇게 아르렁거리는지 모른다.

—김유정, 「동백꽃」에서

극적 아이러니는 '예상되는 일'과 '실제로 일어나는 사건'이 일치하지 않는 현상을 일컫는다. 현진건의 「B사감과 러브레터」(1925)에서 기숙사 여학생들의 사생활을 지독하게 감시하고 처벌하는 노처녀 B사감. 그녀는 그 누구도 사랑하지 않고 그 어떤 욕망도 느끼지 못하는 무정한 인간처럼 행동한다. 그러나 그녀의 방을 엿본 여학생들의 눈에 비친 B사감은 전혀 다른 모습이었다. 그녀가 가장 혐오하던 '러브레터'를 홀로 낭독하고 시연하는 장면을 들켜 버린 것이다. 여학생들에게서 빼앗은 러브레터에 적힌 달콤한 사랑 고백을 마치 자기 자신이 들은 것처럼 실감나게 연기하는 B사감의 모습은 처량하면서도 코믹하다. 이렇듯 독자의 예상을 살짝 뒤집는 반전이야말로 극적 아이러니의 문학적 효과다.

이와는 반대로 '독자는 예상하지만 주인공은 예측하지 못한 결말'이 극적 아이러니를 이루는 경우도 있다. 현진건의 「운수 좋은 날」은 이상하게도 하루 종일 행운이 따르는 인력거꾼 김 첨지의 이야기다. 자신이 재수 옴 붙은 기구한 팔자를 타고났다고 생각하는 김 첨지는 하필이면 그날 기이하게 손님이 많은 것을 이상하게 여기지만 신나게 인력거를 몰며 하루를 열심히 보낸다. 그러나 김 첨지는 약 한 번 제대로 써 보지 못한 아픈 아내가 자꾸 마음에 걸린다. 그런데 더욱 이상한 것은, 아내에 대한 걱정과는 달리 그날따라 더욱 집에 돌아가기가 싫어지는 것이다. 결국 김 첨지는 친구를 만나 술을 거나하게 한 잔 하고 느지막이 집에 들어간다.

"으응, 이것 봐, 아모 말이 없네."

"……"

"이년아, 죽었단 말이냐. 왜 말이 없어?"

"……"

"응으, 또 대답이 없네. 정말 죽었나버이."

이러다가 누운 이의 흰창이 검은창을 덮은, 위로 치뜬 눈을 알아보자마자

"이 눈깔! 이 눈깔! 왜 나를 바루 보지 못하고 천정만 보느냐, 응?"

하는 말끝엔 목이 메었다. 그러자 산 사람의 눈에서 떨어진 닭의 똥 같은 눈물이 죽은 이의 뻣뻣한 얼굴을 어룽어룽 적신다. 문득 김첨지는 미친 듯이 제 얼굴을 죽은 이의 얼굴에 한데 비벼대며 중얼거렸다.

"설렁탕을 사다놓았는데 왜 먹지를 못하니, 왜 먹지를 못하니…… 괴상하게도 오늘은! 운수가, 좋드니만……"

—현진건, 「운수 좋은 날」에서

　독자는 "내가 이렇게 아픈데……"라고 탄식하며 오늘은 이렇게 비가 오니 집에 있어 달라고 부탁하던 아내의 애원을 기억하고 있다. 아내의 애원과 '비 오는 날'의 우울한 거리 분위기는 이 작품의 '복선'이 된다. 독자는 김 첨지의 불행을 예감하지만 김 첨지는 눈앞의 작은 행운에 눈이 멀어 자기 앞에 닥쳐 올 파국을 인식하지 못하는 것이다. 김 첨지는 결국 차가운 시신으로 누워 있는 아내를 발견하고 탄식한다. 어쩐지 운수가 너무 좋다 했더니, 그가 환호했던 작은 행운은 감당하기 어려운 커다란 불행으로 역전된 것이다. 이 작품은 제목도 아이러니하다. '운수 좋은 날'이라는 제목 자체가 반어적 뉘앙스를 담고 있으니 말이다.

비극적 아이러니의 효과

　나 보기가 역겨워

　가실 때에는

　말없이 고이 보내 드리오리다.

　영변(寧邊)에 약산(藥山)

　진달래꽃,

아름 따다 가실 길에 뿌리오리다.

가시는 걸음 걸음

놓인 그 꽃을

사뿐히 즈려 밟고 가시옵소서.

나 보기가 역겨워

가실 때에는

죽어도 아니 눈물 흘리오리다.

—김소월,「진달래꽃」

　김소월의「진달래꽃」을 읽으며 이 모든 시어들을 '곧이곧대로' 해석하는 독자가 있을까.「진달래꽃」의 반어법은 사랑의 감정이 최고조에 달했을 때 느끼는 이별에 대한 공포에서 우러나온다. 그토록 사랑하지 않았다면, 이토록 두렵지 않았을 것이다. 이 시의 시적 화자는 상대방을 무섭도록 사랑하기에 이별의 상황을 가정하는 것만으로도 고통스럽다. 클라이맥스에 다다른 사랑의 언어가 달콤한 행복의 언어가 아닌, 저주의 언어나 협박의 언어처럼 들리는 것, 이것이 바로 반어법의 매력이다. 아이러니의 원천은 이렇듯 단지 주제 자체를 더욱 선명하게 드러내려는 작가의 의지일 뿐 아니라, 어떤 의지나 감정이 견딜 수 없는 한계에 이르렀을 때 '유한한 언어'

로 '무한한 감정'을 표현하기 위해 안간힘을 쓰는 인간의 창조적 상상력에서 나온다.

운명의 굴레를 벗어나려 끊임없이 노력하지만 그럴수록 더욱 질긴 운명의 사슬에 붙들리는 주인공들. 태양을 향해 날아오르지만 태양빛의 뜨거움을 견디지 못하고 추락하여 죽음을 맞는 이카루스. 산 정상까지 무거운 바위를 굴려 올라갔다가 정상에 오르면 또다시 산 밑으로 바위를 굴려야 하는, 끊임없이 반복되는 무한 형벌을 감당해야 했던 시시포스. 이 신화적 주인공들은 벗어나려 애쓸수록 더욱 강하게 구속되는 운명의 아이러니를 드라마틱하게 보여 주는 주인공들이다. 가난에서 벗어나려는 노력 자체 때문에 오히려 더 심각한 가난으로 빠져 들게 되는 주인공들. 상대방을 제압하려고 하다가 오히려 제압당하는 주인공들. 이 모든 상황들이 문학작품에서 자주 발견되는 아이러니적 상황이다. 자신의 정당성과 우월함을 입증하고 과시하려는 노력이 오히려 자신이 그 정반대의 사람이라는 것을 입증하게 되는 자기 폭로의 아이러니 또한 문학작품에서 자주 발견된다.

> 내 일러두거니와, 그 살인자가 누구든,
> 내가 권력과 왕좌를 차지하고 있는 이 나라에서는
> 어느 누구도 그자에게 은신처를 제공하거나
> 말을 걸어서는 안 되며, 그자와 공동으로 신들께

기도하거나 제물을 바쳐서도 안 되며, 그자에게
물로 정화의식을 베풀어서도 안 되오. 퓌토 신의
신탁이 방금 내게 밝혔듯이, 우리에게 역병을
가져다준 것은 그자이니, 모두들 그자를 집 밖으로
내쫓도록 하시오. 나는 신과 피살자를 위해
그런 동맹자가 되려 하오. 그리고 그 알려지지 않은
살인자는 혼자서 범행을 했든 여러 사람과
작당했든 사악한 인간인 만큼 불행한 일생을
비참하게 살다 가라고 나는 저주하오!

―소포클레스, 「오이디푸스 왕」에서

 오이디푸스처럼 운명을 벗어나려고 발버둥칠수록 그 굴레에 더욱 강하게 구속되는 아이러니야말로 동서고금의 문학 작품에서 발견되는 인생의 원초적 아이러니다. 오이디푸스의 아버지 라이오스는 '아버지를 살해하는 아들을 낳을 것이다'라는 운명의 예언을 피하기 위해 아들을 버렸지만, 끝내 서로가 부자(父子)임을 알아보지 못하는 상태에서 '예언 그대로' 죽음을 맞이한다. 자신의 능력과 운명에 대한 자신감에 넘치는 오이디푸스가 '아버지의 살해자가 누구인지 꼭 밝혀야겠다'고 결심하는 장면이야말로 극적 아이러니가 정점에 다다르는 장면이다. 그가 아버지의 살해자임을 곧 알게 되리라는 것을 독자가 인지하기 때문이다. 이때 오이디푸스 스스로 '살인자'인 자신을 저주하도록 함으로써 비극적 아이러니가 강화된다.

낭만적 아이러니의 감동

> 하대치는 염상진을 올라다보며 티없이 웃었다. 아, 저것은 얼마나 아름다운가. 두 사람의 하는 양을 바라보며 안창민은 소리 죽은 감탄을 했다. 사람의 관계가, 그것도 남녀가 아닌 남자와 남자와의 관계가 '믿음직스러움'을 넘어 '아름답게' 느껴지기 시작한 것은 입산한 다음부터였다. 그 아름다움의 발견과 계속되는 확인은 피를 흘려야만 성취되는 혁명이 왜 가능한 현실인지를 증명해 주는 소리 없는 웅변이었다. 그것은 헤겔의 변증법의 문맥에서도, 마르크스의 『자본론』의 행간에서도 발견할 수 없는, 의지로운 뜻과 뜻을 합치시킨 인간과 인간 사이에서 생성되는 그 어떤 마력적인 힘이었다. 그건 염상진만의 힘만이 아니었고, 하대치의 힘만도 아니었다. 두 사람의 힘이 합해짐으로써 피어나는 아름다움이었다.
>
> ―조정래, 『태백산맥』 5권에서

「태백산맥」에는 혁명을 꿈꾸다 죽어간 수많은 투사들이 등장한다. 특히 주인공 염상진의 죽음은 그의 이상과 열정에 공감하는 수많은 독자들의 심금을 울렸다. 죄가 있다면 자신의 신념과 원칙을 끝까지 고수한 것밖에는 없었던 염상진에게 다가온 가혹한 죽음 앞에서 우리는 역사와 운명의 아이러니에 대해 생각하게 된다. 주인공 염상진, 그리고 그와 뜻을 함께한 수많은 동지들도 죽어 갔지만, 살아남은 자들은 끝나지 않은 싸움을 준비할 것임을 우리는 알고 있다. 수많은 혁명가의 표상이었던 염상진은 죽었지만, 역사 속에는 염상진을 믿고 따른 또 다른 하대치'들'이 있기 때문이다.

염상진과 하대치는 누군가와 뜻을 함께한다는 일의 눈부신 아름다움을 보여 준다. 누군가의 '동지'가 된다는 것, 그 아름다운 인연은 둘 중 하나가 죽어서도 계속된다. 사랑이나 우정이나 의리라는 단어만으로는 설명할 수 없는, 인간과 인간 사이의 뜨거운 믿음과 공감의 순간. 작가의 말처럼 역사라는 것 자체가 "올바른 쪽에 서고자 한 무수한 사람들의 목숨으로 엮어진 생명체"이기에, 역사는 그저 "흘러가는 것이 아니라 크는 것"이기에, 염상진의 죽음은 결코 헛되지 않다. 실패할 것을 알면서도 자신이 옳다고 믿는 그 길로 끝까지 걸어가는 혁명가의 모습, 그 길의 끝에 참혹한 죽음이 기다리고 있음을 알면서도 물러서지 않고 예정된 패배를 향해 나아가는 주인공의 모습. 이런 주인공의 비극적인 삶을 바라보며 독자가 느끼는 감동이 바로 '낭만적 아이러니'이다. 낭만적 아이러니는 현실과 이상, 영원과 유한, 신성과 세속, 감성과 이성 등의 극한 대립 속에서 발생한다. 즉 그것은 이상적인 것에 대한 강렬한 동경과 그 필연적인 좌절을 통해 인간의 한계와 희망을 동시에 발견하는 힘이다.

사람들은 삶이 뜻대로 진행되지 않을 때 "참 아이러니다"라고 말하기도 하고, "아, 이 무슨 운명의 장난인가"라고 한탄하기도 한다.

누구보다 사랑스럽고 착하기 그지없던 사람이 몹쓸 병에 걸리거나, 죄 없는 사람이 가혹한 형벌을 받으면 사람들은 신을 원망하기도 한다. 그러나 인생에서 비극적인 장면, 고통스러운 장면만 싹둑 오려 내고 행복하고 편안한 장면만을 소유할 수 없듯, 문학 작품은 이 수많은 인생의 아이러니들을 작품 속에 기꺼이 끌어안음으로써 비극적임에도 불구하고 여전히 아름다운 우리의 삶을 숨김없이 드러내 준다. 누가 뭐라 해도 자신의 길을 걸어가는 사람들, 주변의 질시와 비난에도 아랑곳하지 않고 자신의 꿈을 찾아 떠나는 사람만이 다가갈 수 있는 인생의 비밀을 만날 때 우리는 낭만적 아이러니의 감동을 맛본다.

아이러니는 단지 말 꾸밈이나 기교가 아니라 유한한 존재로 태어나 무한한 이상을 추구하는 인간의 피할 수 없는 본성이 아닐까. 이상의 시 「거울」에서 '거울'은 존재를 보여주면서 동시에 존재를 은폐하는 아이러니를 보여 준다. "거울 때문에 나는 거울 속의 나를 만져보지 못하는 구료마는 거울이 아니었던들 내가 어찌 거울 속의 나를 만나보기만이라도 했겠소." 아이러니도 이 '거울'을 닮았다.

지칠 줄도 모르고 끝없이 펼쳐지는 인생의 아이러니 때문에 우리는 매순간 갈팡질팡하지만 아이러니가 아니었다면 어떻게 이토록 난해한 인생의 눈부신 아름다움을 이해할 수 있었을까. 수학공식처럼 가지런히 말끔하게 정리되지 않는 삶에 대한 경의, 정답은 없지만 영원히 풀리지 않는 운명의 난제에 도전하는 인간의 용기에 대한 경의가 바로 아이러니의 원동력일 것이다.

거울속에는소리가없소
저렇게까지조용한세상은참없을것이오

거울속에도내게귀가있소
내말을못알아듣는딱한귀가두개나있소
거울속의나는왼손잡이오
내握手를받을줄모르는―握手를모르는왼손잡이오

거울때문에나는거울속의나를만져보지를못하는구료마는
거울아니었던들내가어찌거울속의나를만나보기만이라도했겠소

나는至今거울을안가졌소마는거울속에는늘거울속의내가있소
잘은모르지만외로된事業에골몰할께요

거울속의나는참나와는反對요마는
또쾌닮았소
나는거울속의나를근심하고診察할수없으니퍽섭섭하오

―이상,「거울」

소인국은 그저
소인국이 아니다
―
다르게 말하기,
알레고리의 힘

알레고리의 존재 이유

「개미와 배짱이」, 「토끼와 거북이」 등 이솝 우화의 세례를 받지 않고 자라난 어린이가 있을까? 그리고 그 이야기들이 정말 개미와 배짱이 사이에서, 토끼와 거북이 사이에서 일어난 일이라고 믿는 사람이 있을까? 동물의 이야기인 '척'하면서 인간의 마음을 움직이려는 이야기들을 우리는 '우화'라고 배웠다. 더 나아가 주제 A를 통해 주제 B를 추구하는 방법을 우리는 '알레고리(Allegory)'라 부른다.

알레고리는 '말할 수 있는 것'을 통해 '말할 수 없는 것'을 드러내는 이야기 방식이다. 알레고리 기법은 이야기의 흥미와 새로움을 위해서도 쓰이지만, '직접적으로' 작가의 의도를 전하기가 매우 어려운 상황일 때, 특히 정치적 억압이나 검열이 심각할 때 사회를 향한 '은밀한 풍자'를 위해 쓰이기도 한다. 암흑시대에 역사소설이 유난히 많이 창작되는 이유도 바로 알레고리의 힘 때문이다. 알레고리는 '말할 수 없는 소재'를 '말할 수 있는 이야기'로 만드는 문학의 마술적 에너지인 셈이다.

메이저 영감은 동물들이 모두 편안하게 자리를 잡고 기다리는 것을 보고 조심스럽게 목청을 가다듬은 후 입을 열었다.
"(⋯⋯) 자, 동무들, 현재 우리의 삶은 어떤 상태입니까? 있는 그대로 봅시다. 우리는 비참하고, 고생만 하는 짧은 삶을 살고 있소. 우리는 이 세상에 태어나 몸뚱이가 겨우 숨 쉬며 살아갈 수 있을 만큼만 먹이를 받아먹고 있소. 우리 중 그렇게라도 할 수 있는 동물은 마지막 힘까지 쥐어짜 쓰도록 노동을 강요당하고 있소. 우리가 쓸모없어지면 바로 그 순간 끔찍하고 잔인하게 도살되어 버리오. 영국에 사는 어떤 동물도 한 살 이상이 되면 행복이나 여가의 의미를 알지 못하오. 영국에서 사는 어떠한 동물도 자유를 누리지 못하오. 우리 동물들은 불행한 삶을 살고, 모두 노예처럼 살고 있소. 이는 명백한 사실이오. (⋯⋯) 그런데 우리는 왜 이 비참한 상태에 계속 있어야 합니까? 우리가 힘들게 생산한 것을 거의 모두 인간이 빼앗아 가기 때문이오. 동무들, 우리가 처한 모든 문제에 대한 답이 그것이오. 한마디로 요약하면 '인간'이오. 인간은 우리의 유일하고도 진정한 적이오. 이 세상에서 인간을 몰아냅시다. 그러면 굶주림과 과로의 근본적인 원인이 뿌리째 영원히 없어지는 것이오."

―조지 오웰, 『동물농장』에서

 이 이야기가 단지 조지 오웰의 「동물농장」으로만 보이는 것이 아니라, 마치 우리 일상에서 언제든지 일어날 수 있는 상황으로 보인다면 여러분은 알레고리의 의미를 성공적으로 이해한 셈이다. '동물들의 공동생활과 정치'라는 알레고리를 통해 조지 오웰은 '인간사'의 근원적인 갈등, 즉 지배하는 자와 지배받는 자의 끝나지 않는 싸움이라는 문제를 꼬집어 낸 것이다. 알레고리는 독자의 '해석'의 문제이기도 하다. 저자가 한사코 '이것은 알레고리가 아니다'라고 주장해도 독자가 자신의 상황에 맞게 그 작품을 알레고리적으로 해석하는 것을 말릴 수는 없기 때문이다.
 정치적 알레고리는 시대적 특수성을 의뭉스럽게 표현하면서도 시뻘겋게 날선 검열 장치를 미끄러져 가는 교묘한 회피 전략을 필요로 한다. 그러나 동시에 알레고리는 단지 특수한 시대 상황을 넘어 어디서나 적용될 수 있는 시대적 보편성을 추구하기도 한다.
 「동물농장」은 당대의 파시즘을 비판하는 것이라는 지배적인 해석을 받았지만, 오늘날 우리의 일상 곳곳에 둥지를 튼 전체주의의 흔적들을 동물들의 생생한 표정과 몸짓, 언어를 통해 변함없이 보여 주고 있다. 고전 문학에 등장하는 「국선생전」이나 「장끼전」, 「별주부전」 등도 알레고리의 원형을 보여 주는 작품들이며 시대를 초월하여 인간 사회의 갈등을 다루고 있는 작품으로 볼 수 있다.

　우리가 「반지의 제왕」을 읽으며 현실 속에서 정말 간달프나 프로도 같은 인물이 있었으면 좋겠다고 생각하는 것, 「걸리버 여행기」의 소인국에 가보고 싶다고 생각하는 것, 소인국의 정치적 현실이 우리의 상황과도 비슷하다고 생각하는 것, 이 모든 것이 인간의 '알레고리적 욕망'을 보여 주는 생생한 사례들이다. 우리는 현실을 사진처럼 재현하거나 논리적인 보고서의 형태로 이해할 수도 있다. 하지만 현실과 연관을 가지면서도 현실을 '낯설게' 만드는 참신한 표현 방법을 원한다. 알레고리는 우리가 처한 상황을 일상과 다른 차원에서 비유적으로 바라보게 만듦으로써, 이 세계를 바라보는 새로운 상상력을 작동시키라고 속삭인다. 「별주부전」의 토끼처럼, 「반지의 제왕」의 프로도처럼, 「걸리버 여행기」의 걸리버처럼, 우리의 현실을 뛰어넘는 새로운 상상의 나래를 펼치기를 원하는 것이다.

　　우리나라에서는 지난 70개월에 걸쳐서 트라멕산 당, 슬라멕산 당이라는 두 당이 싸움을 벌이고 있는데, 그 당명은 양쪽이 서로를 구별하기 위해서 신고 있는 신발의 높은 굽과 낮은 굽에서 유래한 거요. 높은 굽 쪽이 우리 전통에 더 어울린다고 일반적으로 사람들이 생각하기는 하는데, 황제 폐하께서는 정부의 행정 기관이나 모든 관직에서 관리들을 임용할 때 오로지 낮은 굽 쪽만 임명하고 있소이다. 그건 당신도 봤을 거요. 특히 황제 폐하의 굽은 궁궐 안 어느 사람의 신발보다도 2밀리미터는 더 낮소이다.

—조너선 스위프트, 『걸리버 여행기』에서

「걸리버 여행기」의 풍자 정신은 알레고리의 힘을 보여 주는 대표적 사례다. 구두 굽 높이로 '정파'를 가르는 소인국은, 우리 인간 세계와 '신기한 소인국의 세계'가 다를 거라는 기대감을 여지없이 무너뜨리는 대목이다. 소인국 사람들 또한 우리처럼 사소한 문제로 어리석은 논쟁을 벌이며, 자신의 사사로운 욕심을 거창한 도덕적 명분으로 포장한다. 조선의 붕당정치나 현대의 정치판처럼 말이다. 영국의 독자들은 당연히 토리당과 휘그당의 오랜 갈등을, 미국의 독자들이라면 공화당과 민주당의 오랜 갈등을 떠올렸을 것이다. 이렇듯 알레고리는 언뜻 불가능해 보이는 판타지나 황당한 상상력을 동원해 현실에서 직접 언급하기 어려운 대상을 풍자한다.

알레고리의 존재 이유 중 하나는 사회의 금기와 검열 때문이다. 어떤 사회가 대놓고 마음껏 말하지 못하게 하는 것, 예를 들면 지배 세력이 쉽게 용납하지 못하는 정치권력에 대한 비판이 흔히 알레고리적 상상력의 풍자 대상이 된다. 성적인 금기나 혁명적 이데올로기도 알레고리의 프리즘을 통과하면 얼마든지 문학적 소재가 될 수 있다.

1970년대 한국 사회에서 그토록 '금서'와 '금지곡'과 '상영금지 처분'이 많았던 것도 그 모든 자유로운 예술적 상상력이 '독재에 대한 저항의 알레고리'로 비쳐졌기 때문이다. 〈아침이슬〉이나 〈동백아가씨〉 같은 지극히 서정적인 노래들조차 금지곡이 된 것은 알레고리의 화살표가 굳이 독재를 가리키지 않아도 '도둑이 제 발 저린' 격의 독재 권력이 지레 겁을 먹고 예술가들의 표현의 자유를 금지하려 했기 때문이다.

금기와 규칙을 넘기 위한 장치

알레고리의 또 다른 힘은, 시대를 초월하는 보편적 감동의 원천으로 기능한다는 점이다. 「홍길동전」과 「임꺽정」은 어느 시대에 읽어도 빈부 격차로 인한 계급 갈등의 알레고리로 읽힌다. 「홍길동전」과 「임꺽정」이 드라마나 영화를 통해 수없이 리메이크되는 까닭도 바로 그 강력한 알레고리의 힘 때문이다. 계급 갈등과 신분 갈등에서 오는 고통은 시대를 초월한 인간의 보편적인 고통이며, 이런 이야기는 어떤 시대든 그 시대에 맞게 '각색'되어 강력한 정치적 알레고리로 확장될 수 있다.

> 할머니 방으로 들어갔을 때 빨간 모자는 그 방이 아주 낯설게 느껴졌습니다.
> '어떻게 된 걸까? 오늘은 어쩐지 무서운 생각이 들어. 할머니한테 오면 언제나 편안한 느낌이 들었는데.'

"안녕하세요!"

빨간 모자는 큰소리로 인사했습니다. 그러나 아무런 대답도 없었습니다. 빨간 모자는 침대로 다가가 커튼을 열었습니다. 침대에는 할머니가 누워서 자고 있었는데 머릿수건을 깊숙이 쓰고 있어서 어쩐지 이상한 느낌이 들었습니다.

"할머니 귀가 왜 이렇게 커요?"

"귀가 커야 네 말을 좀 더 잘 들을 수 있지."

"할머니 손이 왜 이렇게 커요?"

"입이 커야 널 더 잘 잡아먹을 수 있지!"

늑대는 그 말을 끝마치자마자 침대에서 벌떡 일어나 불쌍한 빨간 모자를 한입에 꿀꺽 삼켜 버렸습니다.

늑대는 뱃속을 채우고 난 뒤 다시 침대에 누워 잠이 들더니 드르렁드르렁 코를 골기 시작했습니다.

―그림 형제, 「빨간 모자」에서

우리가 어린 시절 읽었던 수많은 동화들도 저마다 특유의 알레고리적 상상력을 보여 준다. 동화의 알레고리는 흔히 아이들에게 어른들의 세계를 그대로 '직접' 재현해 주기 어렵기 때문에 탄생한다. 빨간 망토 소녀를 잡아먹으려는 늑대는 소녀들을 노리는 '치한'의 알레고리이며, 「인어공주」는 '사람'과 '인어'만큼이나 커다란 신분의 격차를 가리키는 알레고리가 아닐까. 동화의 알레고리는

'어른의 세계'와 '어린이의 세계' 사이에 놓인 금기와 규칙의 장벽을 넘어서기 위한 문학적 장치였던 셈이다.

로베르토 베니니의 영화 〈인생은 아름다워〉에서 아버지가 아들을 위해 했던 '하얀 거짓말'도 바로 알레고리적 상상력의 사례다. 아버지는 수용소의 감금생활을 흥미로운 '게임'의 알레고리로 설명해 주며 아들이 죽음의 위협 속에서도 결코 용기를 잃지 않도록, 아버지를 눈앞에서 잃어버리는 공포에 떨지 않도록 죽는 순간까지 '게임'이라는 슬픈 알레고리를 실현했던 것이다.

알레고리는 '다르게 말하기'를 통해 시대의 환부를 건드리면서 동시에 그 풍자와 비난의 책임을 완화시키는 측면도 있다. 그러나 알레고리는 단지 작가가 풍자의 대상에 대하여 직접 말하기 껄끄러울 때, 그 파장과 책임을 완화하기 위해서가 아니라 알레고리로 문학과 삶이 좀 더 풍부한 은유와 상징으로 빛날 수 있을 때, 삶의 진실이 더욱 풍요롭고 아름답게 드러날 수 있을 때 그 힘을 발휘한다.

| 3부 |
문학의 내용

방자, 골룸, 동키,
큐피드의 공통점은?

트릭스터의 유쾌한 반란

세계의 연결 고리

만약 방자가 없었다면 「춘향전」의 드라마틱한 러브스토리는 이루어질 수 있었을까? 「별주부전」에서 기상천외한 잔꾀와 속임수가 없었다면 토끼는 위기에서 탈출할 수 있었을까? 자기 꾀에 자기가 넘어가는 얼빠진 호랑이가 없었다면 오누이는 해님, 달님이 되어 서로를 애틋하게 그리워할 수 있었을까? 제우스로부터 불을 훔친 프로메테우스의 용기가 없었다면, 인류는 불을 사용하는 지혜를 배워 문명을 발전시킬 수 있었을까? 「반지의 제왕」에서 프로도를 괴롭히는 골룸이 없었다면 반지 원정대의 여정이 그토록 모험과 감동으로 가득할 수 있었을까?

 방자, 토끼, 호랑이, 프로메테우스 등의 공통점은 바로 '속임수'나 '장난'을 통해 위기를 모면한다는 것 외에도 '두 세계' 사이의 매개자 혹은 중간자 역할을 한다는 점이다. 세계 여러 민족의 신화나 옛이야기에 등장하는 장난꾸러기 또는 어릿광대처럼, 확연히 분리된 두 세계를 이어주는 메신저 역할을 하는 캐릭터를 '트릭스터(trickster)'라고 한다. 트릭스터는 단순한 사기꾼이나 장난꾸러기가 아니라 대립되는 두 세계의 질서를 교란시키고 부당한 금기를 깨뜨리는 문화영웅이기도 하다. 〈톰과 제리〉에서 늘 자신의 몇십 배나 되는 덩치를 자랑하는 고양이 톰을 기상천외한 잔꾀로 골탕 먹이는 생쥐 제리야말로 트릭스터의 전형이라고 할 수 있다.

 양반의 울타리에 갇힌 이몽룡, 기방의 울타리에 갇힌 성춘향은 서로 직접 나서서 솔직하게 구애를 할 수 없는 제한된 신분 때문에 괴로워한다. 향단이의 혼을 쏙 빼놓는 방자의 엄청난 수다와 오두방정이 없었다면 춘향과 몽룡의 사랑 이야기는 훨씬 힘겹고 지루한 로맨스가 되었을 것이다.

 「토끼전」의 토끼는 자신의 목숨을 부지하기 위해 귀여운 속임수를 쓰는 장난꾸러기다. 힘없는 약자가 강자의 절대 권력에 대항하여 쓸 수 있는 무기 중의 하나가 이렇듯 겉으로는 복종하는 척하면서 속으로는 자신의 이익을 챙기는 영악함이라는 것을 토끼는 증명한다. 그리하여 오랫동안 「토끼전」의 토끼는 힘겨운 백성들의 삶을 요절복통의 잔꾀로 위로하는 어릿광대 혹은 전통 사회의 개그맨 역할을 할 수 있었다.

해와 달이 된 오누이의 이야기에서도 호랑이는 자칫 단순한 악역으로 보이기 쉽지만, 실은 지상과 천상의 세계를 이어주는 소중한 매개자 역할을 해냈다. 트릭스터 중에는 골룸처럼 탐욕스럽고 변덕스러운 실패자도 있지만, 프로메테우스처럼 인류에게 중요한 생활 수단을 가져다주는 '문화영웅'의 역할을 하는 경우도 많다.

제우스의 명령을 인간 세계로 전달해 주는 헤르메스 또한 대표적인 트릭스터 가운데 하나다. 날개 달린 신발을 신고 신과 인간 사이를, 또는 죽음과 삶 사이를 매개해 주는 메신저 헤르메스는 때로는 속임수로 때로는 도둑질로 신과 인간들의 세계를 교란시키지만, 결국 곤경에 빠진 인간을 도와주거나 신의 명령을 전달하는 멋진 트릭스터다.

그렇다면 왜 각종 설화나 민담, 신화 속에는 그토록 많은 트릭스터가 등장할까? 그것은 인간의 마음속에 존재하는 위반의 욕망, 금기를 깨뜨리고 자유를 얻고자 하는 욕망 때문이 아닐까? 트릭스터는 우리가 살고 있는 세계의 각종 경계와 규칙과 제도들의 불합리성을 고발하는 존재이기도 하기 때문이다.

바닷가 햇빛 바른 바위 우에
습한 간을 펴서 말리우자.

코카서스 산중에서 도망해온 토끼처럼
둘러리를 빙빙 돌려 간을 지키자.

내가 오래 기르던 여윈 독수리야!
와서 뜯어 먹어라, 시름 없이

너는 살지고
나는 야위어야지, 그러나

거북이야!
다시는 용궁의 유혹에 안 떨어진다.

프로메테우스 불쌍한 프로메테우스
불 도적한 죄로 목에 맷돌을 달고
끝없이 침전(沈澱)하는 프로메테우스.

—윤동주, 「간」

 프로메테우스가 제우스의 형벌로 독수리에게 매일 간을 파 먹히는 끔찍한 고통을 겪지 않았다면, 그는 결코 진정한 문화영웅이 될 수 없었을 것이다. 윤동주는 일찍이 이 프로메테우스의 고통을, 경계를 위반하고 그 위반의 책임을 홀로 짊어진 자의 슬픔을 이해했

다. 프로메테우스에게 이런 엄청난 형벌을 견뎌내는 용기가 없었다면 그는 단지 신의 눈을 속인 앙큼한 사기꾼이나 도둑에 불과했을 것이다. 그저 객기를 부리기 위해, 혹은 아무 생각 없이 재미로 '금기'를 위반하기는 쉽다. 하지만 그 위반에 대한 책임을 지는 것, 자신의 편안한 삶을 포기하고 제도나 질서의 불합리를 고발하는 것은 쉽지 않다. 우리의 문명을 떠받치고 있는 각종 트릭스터들은 바로 그런 자발적인 '책임'과 '윤리'를 통해 진정한 문화영웅이 되었다.

생의 가치를 일깨우는 존재들

〈슈렉〉의 당나귀 동키, 「이상한 나라의 앨리스」의 토끼, 그리스 로마 신화에 등장하는 큐피드(에로스)의 공통점은 무엇일까? 그들은 모두 이쪽 세계와 저쪽 세계의 단단한 경계를 모호하게 만든다. 그들은 결코 화해할 수 없을 것처럼 보이는 두 세계를 매개하는 유쾌한 트릭스터들이다. 〈슈렉〉의 동키는 '정상적인' 인간 세계와 '비정상적인' 괴물 슈렉이 사는 늪지대를 연결시키는 매개자이며, 「이상한 나라의 앨리스」에서 토끼는 평범한 소녀 앨리스를 모험과 상상이 가득한 이상한 나라로 이끄는 메신저의 역할을 해낸다. 큐피드는 한 번 맞았다 하면 절대로 사랑 따위에는 빠지지 않는 저주의 화살을 다프네에게 쏘고, 한 번 사랑에 빠지면 앞뒤 가리지 않고 오직 그녀에게만 몰두하는 못 말리는 상사병의 화살을 아폴론에게 쏜다. 결코 이루어질 수 없는 두 남녀의 비극적인 사랑은 다프네가 월계수 나무로 변함으로써 안타깝게 끝난다. 작고 어린 큐피드를 무시하며 의기양양하기 이를 데 없었던 아폴론은 그제야 자신의 오만함을 깨닫게 된다.

 동키가 없었다면 슈렉은 피오나 공주를 용감하게 구하고 그녀와 사랑에 빠질 수 있었을까? 토끼가 없었다면 평범한 소녀 앨리스가 위험천만한 모험의 세계로 입문할 수 있었을까? 장난꾸러기 큐피드가 없었다면 그리스 로마 신화의 그 수많은 로맨스가 그토록 흥미롭고 생기발랄한 이야기들로 살아남을 수 있었을까? 트릭스터는 우리가 당연하다고 믿는 선입견들을 교란시키고, 결코 건널 수 없는 장벽이라 여겼던 마음의 경계들을 하나하나 부수어 가며 이 세계를 모험과 신비로 가득하게 만든다. 트릭스터는 두 세계 사이에 놓인 단단한 장벽을 허물어뜨리고 경계의 위험을 극복하여 자유를 얻는 자를 진정한 영웅으로 만든다.

 한국 민담에 등장하는 수많은 도깨비들, 처녀 귀신들, 구미호, 여우누이, 호랑이 또한 이러한 트릭스터의 해방적 역할을 톡톡히 해낸다. 도깨비가 아니었다면 혹부리 영감은 자신의 탐욕을 깨닫지 못했을 것이고, 저 수많은 처녀 귀신들이 아니었다면 억울한 사연으로 죽어간 수많은 백성들의 아우성이 영원히 망각의 늪으로 사라져 버렸을 것이다.

첨단 과학의 시대에도 여전히 구미호나 여우누이가 영화나 드라마의 소재로 리메이크되는 이유 또한 트릭스터가 지닌 고유의 매력과 무관하지 않다. 구미호와 여우누이는 인간과 동물 사이의 경계를 교란시키고 동물을 향한 인간의 이기심을 깨우치며, 마침내 동물과 인간이 '공존'할 수 있는 새로운 길을 모색하게 만드는 매력적인 한국형 트릭스터라 할 만하다.

이러한 수많은 트릭스터들은 때로는 자기 꾀에 걸려 자기가 넘어지기도 하고, 누구도 생각해 내지 못한 기상천외한 아이디어로 사람들을 속이기도 한다. 그러나 중요한 것은 이들이 누군가를 '속인다'는 것이 아니라, 각종 속임수를 통해 우리가 당연하다고 믿었던 현실에 질문을 던지게 만든다는 것, 그리고 우리가 절대적이라고 믿었던 세계관을 의심하게 만든다는 점이다.

우리가 잃어버린 트릭스터

앨리스는 이상한 나라에서 자신의 키와 나이는 물론 자신의 이름조차 의심받게 되자, 지금까지 한 번도 던져 보지 않았던 질문을 스스로에게 던진다. "세상에! 오늘은 왜 별난 일만 생기지? 어제만 해도 보통 때나 다름없었는데. 하지만 정말 내가 변했다면 대체 지금의 나는 누구야? 이건 정말 모를 일이야!" 이렇듯 '내가 누구인가'에 대한 질문을 처음부터 다시 시작하게 됨으로써 앨리스는 지금과 전혀 다른 삶의 차원으로 이동하게 된다.

 트릭스터는 지금 우리 눈에 보이는 세계 너머에 우리가 미처 깨닫지 못하는 신비로운 생의 가치가 존재함을 일깨우는 존재들이다. 야전, 마름, 반인반수(半人半獸) 등이 트릭스터로 자주 등장하는 것은 그들이 '양극단'을 매개하는 메신저 역할을 수행하곤 하기 때문이다. 트릭스터는 순진한 사람들을 등쳐먹는 사기꾼이나 야바위꾼과는 질적으로 다르다. 또한 트릭스터가 재간둥이이거나 꾀쟁이, 바보천치거나 게으름뱅이인지 아닌지는 중요하지 않다. 중요한 것은 트릭스터가 주인공의 삶을 어떻게 바꾸는가, 트릭스터로 주인공이 어떤 깨달음을 얻게 되는가이다.

 도깨비 이야기와 호랑이 이야기가 사라져 가는 시대, 산타클로스의 비밀을 너무 빨리 알아채 버린 아이들이 어른들의 옛이야기를 믿지 않는 시대지만 트릭스터는 그렇게 쉽게 사라지지 않는다. 신화 속 괴물이나 반인반수형 괴물들은 '옛이야기'를 버린 아이들이 밤낮으로 열광하는 온라인 게임 속 캐릭터로 수없이 등장한다. 우리가 잃어버린 소중한 트릭스터들을 우리는 어쩌면 게임을 통해 무의식적으로 대신 섭취하고 있는지도 모른다.

 점점 사회가 개인화되고 기계화되어 갈수록 서로가 서로에게 긍정적이고 창조적인 영향을 끼칠 수 있는 기회가 줄어든다. 우리 곁에서 우리와 조금 다른 모습으로, 우리의 일상적 편견을 깨뜨리는 존재들이 있다면 그를 즐겁게 의심해 보는 것이 어떨까? 우리와 조금 다르고, 상식을 벗어나는 그들이야말로 우리의 잠든 일상을 깨워 새로운 세계로 나아가게 해 줄 진정한 트릭스터가 아닐까?

저 녀석만 없으면
주인공이 행복할 텐데
—
악당, 악마, 악녀

혐오의 대상, 혹은 불편한 매혹자

「피터 팬」의 후크 선장, 「파우스트」의 메피스토펠레스, 「폭풍의 언덕」의 히스클리프. 이런 캐릭터들의 공통점은 무엇일까? 그들은 문학 작품에 나타난 기념비적 '악역'의 대명사들이다. 이들은 모골이 송연하도록 공포를 불러오기도 하고, '저 녀석만 없으면 우리의 주인공이 얼마나 행복할까' 하는 안타까움을 자아내기도 한다. 그러나 그들이 없었다면 피터 팬의 재치가, 파우스트의 고뇌가, 캐서린의 비극적 사랑이 빛을 발할 수 있었을까? 놀부가 없었다면 「흥부전」은 얼마나 김빠지는 스토리가 되었을까? 뺑덕어멈이 없었다면 「심청전」의 재미 또한 반감되었을 것이다. 이렇듯 문학 작품 속에서 착한 주인공인 '프로타고니스트(protagonist)'의 일거수일투족을 방해하는 악한 인물들을 '안타고니스트(antagonist)'라고 부른다.

때로는 안타고니스트가 단지 프로타고니스트에 대립하는 '안티'의 역할을 넘어서서, 악역 자체가 완전히 주인공이 되는 경우도 있다. 「크리스마스 캐럴」의 스크루지 영감, 「푸른 수염」의 주인공 푸른 수염, 「드라큘라」의 드라큘라 백작이 바로 그런 경우다. 최근에는 악역에 대한 새로운 해석이 유행하고 있다. 그 때문에 작품의 내용 자체가 완전히 바뀌는 경우도 많다. 원작의 리메이크가 단지 패러디(parody)나 오마주(hommage)를 넘어 새로운 작품이 되는 경우다. 뱀파이어 이야기를 완전히 새로 해석한 「트와일라잇」 시리즈가 대표적이다.

'나쁜 남자'에게 매혹당하는 여성들이 많아지고, '팜파탈'에게 매력을 느끼는 남성들이 많아지듯이, 사람들은 악역을 증오하면서도 동시에 갈망한다. 이런 경우 악역은 단지 혐오의 대상만이 아니다. 악역 자체가 지닌 피할 수 없는 매력이 극대화되는 것이다. 우리는 주인공에게 해를 입히는 악당, 악마, 악녀들에게 전율과 공포를 느끼지만 묘하게 마음이 끌리곤 한다. 이 불편한 매혹의 정체는 무엇일까?

악역은 단순히 '나쁜 사람'이 아니라 우리 안의 또 다른 자아, 숨겨진 인격을 대변하는 존재이기도 하다. 악당, 악마, 악녀들의 온갖 악행들은 우리가 '절대로 하지 말아야 할 행동'의 목록에 포함시키는 '금기'를 거침없이 깨뜨린다. 악역은 그저 '가까이 해서는 안 될 존재'에 그치는 것이 아니라, 악역 자체가 우리 마음의 어두운 그림자를 형상화한다. 그들의 악행은 우리 마음의 '뒷문' 혹은 '지하실' 같은 역할을 한다. 악역들의 성격은 곧 어떤 특정한 사람들만의 '희귀한' 욕망이 아니라, 인간 본성의 일부이기도 하기 때문이다.

「지킬 박사와 하이드」(1886)에서 지킬은 자신의 '저급한 면'이 하이드라는 야만적이고 잔혹한 악당을 낳았다고 생각한다. 그러나 하이드는 단지 '숨기고 싶은' 지킬의 이중인격을 대변하는 존재만은 아니다. 누구나 칭송하는 멋진 삶을 살기 위해 지킬은 과도하게 '체면'을 지켜야 했고, 그렇게 남에게 보이는 삶에 치중하느라 정작 지킬은 자신의 솔직한 욕망들을 표현하지 못했다. 지킬은 하이드가 '마음의 뒷문'을 드나들며 더럽고 치사한 일들을 해 주기 때문에 오히려 자신의 화려한 저택과 고상한 인격을 지킬 수 있었던 것이다.

이렇듯 문학 작품 속의 악인들은 단지 '저 사람은 나빠, 저 사람처럼 되면 안 된다'는 교훈을 주는 것에 그치지 않고, 우리 안의 잠재된 어두운 본성을 직시하고 이해하는 계기를 마련해 주기도 한다. 하이드는 '지킬다운 것'이 사라진 '지킬과 정반대되는' 존재가 아니라, 하이드가 곧 지킬이고 지킬이 곧 하이드였던 것이다.

악역이 우리에게 전달하는 메시지는 결코 단순하지 않다. 게다가 어떤 악역은 공포와 분노를 안겨 주기보다는 유쾌하고 익살맞은 분위기를 연출하기도 한다. 놀부가 대표적인 예다. 우리는 놀부의 행패에 분노하면서도 놀부의 악행을 묘사하는 「흥부전」의 판소리 대목에서 어김없이 웃음을 터뜨리게 된다. 악역이 단순히 권선징악이나 인과응보라는 틀에 박힌 주제가 아니라, 인간의 복잡 미묘한 본성과 개개인의 다양성을 이해하는 데 중요한 문화적 역할을 해내고 있기 때문이다.

(놀부는) 술 잘 먹고 욕 잘하고 에테(주색잡기에 빠짐)하고 싸움 잘하고, 초상 난 데 춤추기, 불붙은 데 부채질하기, 해산하는 데 개 잡기, 장에 가면 억매흥정, 우는 아희 똥 먹이기, 무죄한 놈 뺨치기, 빚값에 계집 빼앗기, 늙은 영감 덜미잡기, 아이 밴 계집 배 차기, 우물 밑에 똥 누어 놓기, 오려논(벼를 심은 논)에 물 터놓기, 다된 밥에 돌 퍼붓기, 패는 곡식 이삭 빼기, 논두렁에 구멍 뚫기, 애호박에 말뚝 박기, 곱사등이 엎어 놓고 밟아 주기, 똥 누는 놈 주저앉히기, 앉은뱅이 턱살 치기, 옹기장사 작대 치기, 남의 양주(부부) 잠자는 데 소리 지르기, 수절과부 겁탈하기, 통혼하는 데 간혼놀기, 만경창파에 배 밑 뚫기, 목욕하는 데 흙 뿌리기, 담 붙은 놈 코침 주기…….

—판소리 〈흥부가〉에서

인간의 한계를 시험하는 리트머스지

조조의 간계가 없었다면, 「삼국지」의 극적 긴장감은 유지될 수 있었을까? 마녀가 없었다면, 「헨젤과 그레텔」은 어떻게 되었을까? 드라큘라가 없었다면, 구미호가 없었다면, 인류는 또 어떤 공포의 대상을 창조해 냈을까? 유다의 배신이 없었다면 예수의 삶은, 인류의 역사는 어떻게 바뀌었을까? 이런 가정을 하다 보면, 악역만큼 중요한 '이야기의 감초'는 없는 것 같다. 독자에게 증오와 매혹의 감정을 동시에 불러일으키는 악역들은 하나같이 주인공이 감당하기 어려운 인생의 난제를 던져 준다. 그런 면에서 악역의 진정한 매력은 '그가 얼마나 잔인한가'나 '그가 얼마나 많은 사람을 괴롭히는가'가 아니라 '주인공에게 어떤 질문을 던지는가'로 결정되는 것이 아닐까.

셰익스피어의 「베니스의 상인」에 등장하는 희대의 악역 샤일록. 그는 고리대금업자 특유의 철저함과 잔혹함으로 무장하고 주인공 안토니오로 하여금 영원히 풀 수 없을 것만 같은 난제를 제시한다. 친구 바사니오를 위해 3천 더컷을 빌려주는 데 필요한 담보는 바로 '안토니오의 살 1파운드'였던 것이다. 이 악마의 계약서를 쓰는 순간 안토니오는 자신의 우정은 물론 하나뿐인 삶 전체를 저당 잡힐 위기에 처한다. 바사니오의 약혼녀 포샤의 지혜와 기지로 안토니오는 '살 1파운드'를 샤일록에게 떼어 주는 고통에서 벗어나지만, 「베니스의 상인」의 테마가 과연 '악당을 물리치는 선인의 지혜'에 그치는 것일까? 그렇게 단정하기에는 악당 샤일록의 문제제기가 너무도 복잡다단하다. 샤일록과 안토니오의 갈등은 단지 '돈'으로 유발된 것이 아니라 샤일록이 '유대인'이라는 점과 관련되어 있다. 기독교도 안토니오는 '우정'을 인생 최고의 가치로 신봉하는 인물이었지만, 그의 우정은 오직 기독교도에게만 한정되었던 것이다.

> 그는 날 망신시켰고 내가 오십만 [더컷] 정도를 못 벌게 했으며, 내 손실을 비웃고 이득을 조롱했으며, 내 나라를 모욕하고 내 거래에 훼방을 놓았으며, 내 친구들은 냉담하게 적들은 흥분하게 만들었소. 이유가 뭐냐고요? 내가 유대인이란 겁니다. 유대인은 눈 없어요? 유대인은 손도 기관도 신체도 감각도 감정도 정열도 없냐고요? 기독교인과 같은 음식 먹고 같은 무기로 상처를 입으며, 같은 병에 걸리고 같은 방법으로 치유되며, 여름과 겨울에도 같이 덥고 같이 춥지 않느냐고요? 당신들이 우리를 찌르면 피 안 나요? 간지럼을 태우면 안 웃어요? 독약을 먹이면 안 죽어요? 그런데 당신들이 우리에게 잘못하면 우리가 복수를 안 해요? 우리가 나머지 부분에서 당신들과 같다면 그 점도 닮은 거요. 유대인이 기독교인에게 잘못하면 그는 겸손하게 뭘 하지요? 복수하죠. 기독교인이 유대인에게 잘못하면 그는 기독교인을 본받아 인내하며 뭘 해야 하지요? 그야, 복수해야죠. 당신들이 가르쳐 준 비열한 짓을 난 실행할 겁니다. 그리고 어렵긴 하겠지만 교육받은 것보다 더 잘할 겁니다.
>
> ─셰익스피어, 『베니스의 상인』에서

안토니오가 샤일록을 증오하는 이유는 오직 샤일록이 '유대인'이라는 것과 '고리대금업자'라는 점이었지만, 샤일록이 안토니오를 증오하는 이유는 그가 그동안 당해 온 실제적인 박해 때문이었다. 샤일록의 잔인한 복수(내 돈을 못 갚는다면, 너의 살 1파운드를 도려낼 것이다!)에 눈을 빼앗긴 독자들은 복수 이전에 깔려 있는 다양한 갈등의 맥락을 놓치기 쉽다. 유대인 고리대금업자라는 이유로 갖은 박해를 당해 왔던 샤일록의 입장에서는, 오직 자기 종족끼리의 우정만을 중시하고 유대인을 멸시하는 안토니오야말로 파렴치한 '악역'이 아니었겠는가? 우리는 샤일록의 변론을 통해 '선인'이자 '무고한 피해자'로 인식된 안토니오의 무의식적인 악행을 깨닫게 된다. 이렇듯 문학 작품 속의 악역들은 주인공의 다면성을, 나아가 인간의 다면성을 폭로하는 메신저 역할을 하기도 한다.

메피스토펠레스는 파우스트에게 말한다. "길 같은 것은 없습니다. 사람들이 가보지 않은 곳, 발을 들여 놓을 수가 없는 곳으로 가는 것이지요. 초대받지 않은 길이며, 부탁을 해서도 이룰 수 없는 길입니다. 각오는 되어 있습니까?" 그것은 인간의 마음속 깊숙이 숨겨진 악의 충동이 아직 나 자신이 '무엇'이 될 것인가를 결정하지 못한 인간에게 속삭이는 근원적 질문이다. 메피스토펠레스의 유혹은 단지 '나쁜 짓'을 향한 인간의 호기심을 충족시키는 것이 아니라, 선악의 충동을 넘어 우리가 다다르고자 하는 삶의 궁극적 이상을 향한 물음을 상징한다.

파우스트가 메피스토펠레스를 통해 구원의 이상에 다다랐듯이, 우리는 문학 작품 속 수많은 악역들을 통해 '가지 않은 길'에 대한 상상력을 발동시킨다. 악역은 '저렇게 나쁜 인간이 존재한다니!'라는 식의 일차원적 분노를 넘어, 우리에게 가장 새로운 질문을 던지는 존재, 항상 '더 높은 삶'을 향한 갈망을 일깨우는 존재가 아닐까? 악역은 단지 '우리가 경계해야 할 대상'이 아니라 우리 마음의 한계를 실험하는 리트머스지다. 유다는 인간의 역사상 가장 사악한 배신자이기도 하지만, 최초로 '신에게 용서받은 사람'이기도 하지 않은가.

또 기억 상실증?

잃어버린 시간을 찾는 모험

잃어버린 시간과 되찾은 시간

영화나 드라마에는 왜 기억 상실증에 걸린 주인공이 그토록 많은 것일까? 오랜 옛날부터 '기억'은 한 사람의 정체성을 식별하는 기준이었다. 기억을 잃어버린다는 것은 지금까지 살아온 모든 시간을 어느 날 갑자기 잃어버릴지도 모른다는 공포를 불러일으킨다. 우리 삶에서 기억이 사라진다는 것은 삶 자체를 도둑맞는 것과 맞먹는 사건이다. 기억을 잃어버린다는 것은 곧 시간을 도둑맞는 것이고, 시간을 도둑맞는 것은 곧 삶을 통째로 상실한다는 것을 의미하기 때문이다. 그것만큼 커다란 공포가 있을까? 그리하여 영화나 드라마에는 필사적으로 기억을 되찾으려고 하는 주인공들이 그토록 많이 등장하는지도 모른다. 기억 상실증은 분명 인간이 상상할 수 있는 가장 끔찍한 고통 가운데 하나다.

기억 상실증과 같은 극단적인 상황이 아니더라도, 인간은 언제든 자신이 살아온 소중한 시간을 잃어버릴 위험에 처한다. 문학 작품에는 사고나 질병 같은 커다란 충격으로 얻은 기억 상실보다도, 열심히 살아가던 주인공이 문득 잊어버린 줄도 몰랐던 기억을 되찾는 장면들이 더 자주 나타난다. 김승옥의 「무진 기행」(1964) 같은 경우가 바로 그렇다. 주인공 윤희중은 제약 회사의 고위급 간부로서 부족할 것 없이 살아가지만, 인생의 막다른 골목에 부딪힐 때마다 고향 무진을 찾아간다. 그는 무진으로 돌아와 만나는 모든 사람들에게서 자신의 잃어버린 시간의 흔적을 발견한다.

> 여선생은 거의 무표정한 얼굴로 입을 조금만 달싹거리며 노래를 부르기 시작했다. 세무서 직원들이 손가락으로 술상을 두드리기 시작했다. 여선생은 〈목포의 눈물〉을 부르고 있었다. 〈어떤 개인 날〉과 〈목포의 눈물〉 사이에는 얼마큼의 유사성이 있을까? 무엇이 저 아리아들로써 길들여진 성대에서 유행가를 나오게 하고 있을까? 그 여자가 부르는 〈목포의 눈물〉에는 작부(酌婦)들이 부르는 그것에서 들을 수 있는 것과 같은 꺾임이 없었고, 대체로 유행가를 살려주는 목소리의 갈라짐이 없었고 흔히 유행가가 내용으로 하는 청승맞음이 없었다. 그 여자의 〈목포의

눈물〉은 이미 유행가가 아니었다. 그렇다고 〈나비부인〉 중의 아리아는 더욱 아니었다. 그것은 이전에는 없었던 어떤 새로운 양식의 노래였다. 그 양식은 유행가가 내용으로 하는 청승맞음과는 다른, 좀더 무자비한 청승맞음을 포함하고 있었고, 〈어떤 개인 날〉의 그 절규보다도 훨씬 높은 옥타브의 절규를 포함하고 있었고, 그 양식에는 머리를 풀어 헤친 광녀(狂女)의 냉소가 스며 있었고 무엇보다도 시체가 썩어 가는 듯한 무진의 그 냄새가 스며 있었다.

— 김승옥, 「무진 기행」에서

음악 교사 하인숙은 오페라 〈나비 부인〉의 〈어떤 개인 날〉을 불렀던 졸업 연주회를 그리워하지만, 〈목포의 눈물〉 같은 대중가요를 부르며 주변 사람들의 취향을 억지로 맞춰야 하는 현실에 처해 있다. 하인숙에게 윤희중이 '도망가고 싶은 서울'을 상징하는 존재라면, 윤희중에게 하인숙은 '돌아오고 싶은 무진'을 상징하는 존재다. 윤희중은 오페라도 대중가요도 아닌 하인숙 특유의 음울하고 냉소적인 노래를 들으며 그녀야말로 '자신이 잃어버린 시간'을 닮은 존재임을 직감한다.

친구들이 모두 전쟁터로 나간 상황에서 자신만은 홀어머니의 지독한 감시 속에 방 안에서 은둔해야 했던 시간들. 자유롭게 사람들을 만나고 끊임없이 꿈의 날개를 펼치고 싶었지만, 어두운 방 안에 칩거하며 날마다 '쓸쓸하다'는 내용의 편지나 끼적이며 아무 일도 제대로 할 수 없었던 우울한 시간들. 그럼에도 불구하고 그의 영혼이 세속적인 성공의 가치에 물들지 않았던, 아프지만 순수했던 시간들. 무진은 그의 영혼이 상처받기 쉬웠던 20대가 고스란히 담긴 소중한 박물관 같은 곳이었다. 그렇기에 윤희중은 하인숙을 마치 '잃어버린 또 다른 나'처럼 느낀다. 하인숙을 사랑한다는 것은 곧 윤희중이 잃어버린 시간을 되찾는 일과 다름없었다.

  기억한다는 것은 자신의 삶을 되돌아본다는 것을 의미한다. 기억을 재구성하는 행위를 통해 인간은 자신의 삶에 거리를 둘 수 있게 된다. 오래된 일기 혹은 오래된 편지를 발견했을 때, 우리는 잊고 있었던 과거의 욕망, 과거의 사건들이 새로운 의미로 다시 피어나는 것을 느낄 수 있다. 기억하는 행위를 통해 자신의 삶을 마치 타인의 삶처럼 거리를 두고 바라봄으로써 인간은 스스로의 삶을 성찰의 대상으로 삼게 된다. 기억은 단지 내가 누구인지 알기 위한 자기 정체성의 표현 도구를 넘어, 앞으로 내가 어떻게 살아야 할지를 고민하게 만드는 윤리적 이정표가 되기도 한다.

기억의 본능, 망각의 본능

기억의 본능만큼이나 강력한 것이 바로 망각의 본능이다. 우리에게 일어난 모든 일을 다 기억한다면, 인간은 엄청난 기억의 무게에 짓눌려 제대로 살아갈 수 없을 것이다. 의미 깊은 기억과 그렇지 않은 기억을 분리하는 것, 나아가 너무 고통스러운 기억 때문에 탈진하지 않도록 스스로를 보호하려는 장치가 바로 '방어기제'다. 그런데 이 방어기제가 너무 강력하게 작동하거나 특정한 방향으로만 치우칠 때, 인간의 기억 장치에는 문제가 생긴다. 자신에게 유리한 상황만 기억하려 한다면, 인간은 매우 이기적인 존재가 되고 말 것이다. 기억의 방어기제 문제는 개인뿐 아니라 집단의 차원에서도 작동한다. 현대 사회는 끊임없이 발전과 개발을 요구하기 때문에 새롭지 않은 것, 오래된 것은 언제든지 폐기 처분될 위험에 처하곤 한다. 과거의 기억을 부정하고 끊임없이 '개발'을 요구하는 사회는 공동체의 소중한 기억의 문화를 억압한다.

 개인의 기억이 일기나 편지 등을 통해 재현된다면, 집단의 기억은 '역사'의 이름으로 재현된다. 역사가 단절되고, 현재가 과거로부터 아무것도 배우지 못한다면, 우리는 열심히 살면 살수록 세상이 요구하는 진화와 진보의 속도에 맞춰 더욱더 빠른 속도로 시간을 잃어버리는 역설에 처할지 모른다. 현대 사회가 과거를 끊임없이 부정하고 오직 새로운 것, 새로운 이윤을 창출할 수 있는 것만을 좇기 때문에, 우리가 그리워하는 어린 시절의 기억, 과거의 추억들은 언제든 사라질 수 있다. 중학생조차 초등학생 시절을 그리워하고, 한 살 차이에서도 세대 차이를 느낀다는 말이 있듯이, 그 시간에 배인 의미와 흔적들이 너무 쉽게 휘발되어 버린다. 과거를 현재의 시선으로 끊임없이 가꾸고 보존함으로써 현재와 과거가 행복하게 공존할 수 있도록 하는 다양한 모색과 실험이 필요한 시대다.

역사 소설은 현재의 욕망으로 과거의 역사를 재조명함으로써 과거와 현재가 공존할 수 있게 만드는 문학적 실험이다. 김훈의 「칼의 노래」는 상투적인 민족주의의 틀에 박힌 시선이 아니라, 항상 위대한 영웅으로만 기억되던 이순신조차 철저히 '한 사람의 개인'으로 바라봄으로써 매우 독창적인 역사 소설의 관점을 창조해 냈다. 「칼의 노래」는 「난중일기」를 통해, 혹은 왕과 귀족 중심의 역사 해석을 통해서만 전해지던 전쟁의 기억을 '작가가 해석한 1인칭 시점'을 통해 새롭게 전개한다. 임진왜란이 끝나고 수백 년이 지나 한 작가의 눈에 비친 이순신, 나아가 새롭게 재해석된 개인 이순신의 눈에 비친 전쟁은 새로운 모습으로 우리 앞에 다시 태어난다. 그렇게 현대인들은 우리가 경험하지 못한 시간들, 놓쳐 버린 시간들, 잃어버린 시간들을 문학 작품을 통해 되찾게 된다.

'기억의 기술'은 고대 그리스 사회에서도 매우 중요한 교육 과정이었다고 한다. 영혼을 성찰하고 정화하기 위한 방편으로써 '기억의 훈련'이 매우 요긴하게 사용되었다고 한다. 피타고라스는 제자들에게 그날 있었던 일을 모두 낱낱이 기억해 내는 훈련을 시켰다. 그들은 '오늘의 행동'만을 기억하는 훈련에 그친 것이 아니라, 그런 식으로 과거의 기억까지 낱낱이 복원하는 훈련을 계속했다. 이러한 철저한 기억 훈련을 통해 학생들은 자신이 누구인지, 자신이 어떤 경험을 통해 변화하고 있는지, 앞으로 어떤 인간이 될 것인지를 통합적으로 인식할 수 있었던 것이다. 고대 그리스 사회에서도 기억이야말로 학문과 예술의 원동력이었던 것이다.

기억과 망각 사이에서 흔들리는 삶

개인의 기억이 외부의 충격이나 스스로의 방어기제 때문에 망각된다면, 집단의 기억은 역사 교과서나 국가 기관을 통해 편집되거나 망각될 수 있다. 집단적 망각의 충동은 엄연히 있었던 역사적 사실조차 처음부터 없었던 일처럼, 또는 당연한 일로 만들어 버린다. 국가 기관이 혁명이나 항쟁을 '기념'하면, 이와 동시에 그 저항의 의미가 퇴색되는 것도 일종의 집단적 망각 효과와 관련이 있다. 개개인에게는 쓰라린 고통으로 남아 있는, 영원히 치유할 수 없는 아픈 기억이 국가 기관의 '기념 가능한 기억'이 됨으로써 사건의 당사자들은 또 한 번 치명적으로 상처를 입는다. 기념일을 만들고, 기념비를 만들고, 기념관을 만든다고 해서 사랑하는 사람들을 잃어버린 상처가 지워지는 것은 아니기 때문이다.

교과서나 신문이 '공식적인 기억'을 정확하게 기록하는 임무를 맡는다면, 문학은 그렇게 사람들의 상처를 보듬고 치유하고 위로하는 역할을 맡곤 한다. 광주민중항쟁이 그 대표적인 사례다. 기념일 제정이나 보상금 지급 등의 행위는 희생자의 잃어버린 삶에 대한 최소한의 예의일 뿐 상처 자체의 치유는 될 수 없다. '국가'의 이름으로, 혹은 '승자'의 이름으로 공식적으로 기록되는 역사는 끔찍한 사건을 겪은 개인에게 '기념'이라는 '폭력'을 행사함으로써, 또 한 번 한 사람 한 사람의 시간을 '잃어버리도록' 강제하는지도 모른다. 어느 한쪽의 입장만을 강조하고 공식화하려는 정치적 억압은 역사적 이해관계가 첨예하게 충돌할 때마다 발생한다. 한국전쟁과 관련해 수많은 이해관계에 따른 다양한 해석이 존재하는 것도 바로 각자의 이익에 따라 기억을 조작하려는 욕망 때문이다.

> 그 예쁜 동산을 어쩌면 그렇게 감쪽같이 잊어버릴 수가 있을까? 아니면 일부러 시침을 떼는 걸까. (……) 불도저의 힘보다 망각의 힘이 더 무섭다. 그렇게 세상은 변해 간다. 나도 요샌 거기 정말 그런 산이 있었을까, 내 기억을 믿을 수 없어질 때가 있다. 그 산이 사라진 지 불과 반년밖에 안 됐는데 말이다. (……) '우리가 그렇게 살았다우.' 이 태평성세를 향하여 안타깝게 환기시키려다가도 변화의 속도가 하도 눈부시고 망각의 힘은 막강하여, 정말로 그런 모진 세월이 있었을까, 문득문득 내 기억력이 의심스러워지면서, 이런 일의 부질없음에 마음이 저려 오곤 했던 것도 쓰는 동안에 힘들었던 일 중의 하나이다.
> ―박완서, 「작가의 말」, 『그 산이 정말 거기 있었을까』(1995)에서

너무 빠르게 변화하는 세상에서, 사람들은 얼마 전에 있었던 일조차도 까마득한 옛날에 일어났던 일로 착각하곤 한다. 박완서는

끊임없이 한국전쟁의 기억을 되살리는 소설을 쓰면서 '사람들이 혹시 내 이야기를 들어주지 않으면 어쩌나', '내 이야기가 너무 철지난 이야기라고, 더 이상 중요하지 않다고 하면 어쩌나' 하는 공포 때문에 괴로웠다고 고백한다. 역사의 아픈 기억은 이렇듯 누군가 절실히 이야기하려는 사람과 진심으로 그 이야기를 들어주려는 사람들이 있을 때 제대로 빛을 발한다.

한국전쟁에 대한 기억은 단순히 '북한의 통일 전쟁'이라는 단일한 의미에 갇힐 수 없다. '승리한 자만 역사에 남는다'는 기록의 폭력이 다양한 기억의 가능성을 억압할 때, 작가는 '제대로 기록되지 못한 기억들', 혹은 '기억되었지만 잘못 기록된 기억'을 찾아내어 새로운 기억으로 복원해 낼 책임을 진다. 집단의 기억으로 덧칠된 기억을 새롭게 복원한다는 것, 그것은 어느 한 편의 시선으로 손쉽게 날조된 기억의 권력에 저항하는 것이다.

어느 한 작가가 성공적으로 기억을 형상화했다고 해서 그 이야기의 복원이 완전히 끝나는 것은 아니다. 우리는 한 사람의 기억이 아닌 더 많은 기억들, 공식적인 역사에 기록되지 못한 수많은 기억들에 귀 기울일 필요가 있다. 그 시대에는 그때에 맞는 또 다른 현재의 기억, 또 다른 타자의 기억이 필요하기 때문이다.

기억과 삶의 복원

생활 속에서 기억과 망각의 상호 관계를 알아볼 수 있는 실험을 한 번 해 보자. 가족이 함께 하루를 보낸 후 각자 어떤 기억이 남아 있는지를 적어 본다든지, 친구와 함께 하루를 보낸 후 각자 일기를 적어 서로 어떤 내용을 기억하고 있는지 비교해 보면 된다. 하나의 사건에 대해 사건 당일의 기록, 이틀이 지난 후의 기록, 일주일이 지난 후의 기록, 나중에 1년이 지나서 기록한 것을 비교해 보는 것도 좋은 방법이다. 그때마다 완전히 다른 방식으로 사건을 기억하고 있는 나, 조금씩 사건을 조작하고 변형하는 나 자신을 발견할 수 있을 것이다. 기록은 망각을 통해 다듬어지고 조형되어 나중에는 '현재의 욕망'으로 해석된 기억, 다분히 현재적인 기억만이 살아남게 되는 것이다. 우리가 현재를 어떻게 살아가느냐에 따라, 우리가 현재를 어떤 빛깔로 수놓는가에 따라, 우리의 모든 기억은 아름답게도 혹은 끔찍하게도 기록될 수 있다. 기록을 통해 잃어버린 시간을 찾았을 때 그 기억은 '날것 그대로'가 아니라 우리의 현재의 욕망이 조각해 낸 새로운 과거인 셈이다.

  현대인은 바쁜 일상에 짓눌려 자신의 인생에서 매우 소중했던 순간조차 쉽게 잊고 살아갈 수 있다. 기억은 마치 살아 있는 생물과 같아서, 인간이 굳이 의도하지 않아도 어느 날 갑자기 우리의 의식을 습격하기도 한다. 이런 기억을 '무의지적 기억' 혹은 '비자발적 기억'이라고 한다. 우리가 잊고 살았던 아주 소중한 경험들은 이렇듯 '비자발적 기억'의 형태로 어느 날 갑자기 되살아나, 개개인의 단절된 기억의 회로를 복원시키는 감동의 원천이 되기도 한다.

그러나 기억하기 싫은 고통을 억지로 복원해 낸다면 그 사람이 힘겹게 유지해 오던 자기 정체성이 파괴될 수도 있다. 기억과 망각의 상호작용이야말로 인간의 두뇌 활동에서 매우 중요한 부분을 차지한다. 니체는 망각의 힘에 대해 이렇게 말한 적이 있다. 망각할 줄 아는 자만이 마치 새로 태어나는 듯이 아침에 잠에서 깨고, 마치 죽는 것처럼 편안하게 잠들 수 있다고. 지나치게 많은 정보를 억지로 기억하려고 하면, 오히려 진정 기억해야 할 소중한 정보를 망각할 수도 있다. 기억만큼이나 중요한 망각의 의미를 잊지 않으면서, 우리는 어떻게 우리의 삶이라는 개개인의 '작은 역사'를 새로운 스토리텔링으로 복원할 수 있을까?

그곳이 평사리여야만
하는 이유
―
욕망을 창조하는 공간의 힘

'공간'과 '인물'의 환상궁합

만약 「폭풍의 언덕」(1847)의 공간적 배경이 햇빛 찬란한 남태평양의 에메랄드빛 해변이었다면 어땠을까? 캐서린과 히스클리프의 비극적인 사랑은 그 특유의 음울하면서도 그로테스크한 분위기를 자아낼 수 있었을까? 만약 「설국」(1948)의 공간적 배경이 일본의 눈 내리는 설원이 아니라 일 년 내내 무더운 가운데 걸핏하면 폭우가 쏟아지는 동남아시아의 어느 대도시였다면 「설국」의 아련한 로맨스가 빛을 발할 수 있었을까? 「파리대왕」(1954)의 공간적 배경이 '무인도'가 아니었다면, 어린 소년들 간에 그토록 처절한 생존 경쟁과 권력 투쟁의 살풍경이 벌어질 수 있었을까?

　문학 작품에서 공간적 배경은 매우 결정적인 역할을 한다. 주인공의 삶과 작품의 테마에 가장 잘 어울리는 공간적 배경을 찾는 것이 작가의 역량일 수도 있고, 어떤 공간이 가진 특유의 분위기 자체가 새로운 영감을 주어 독특한 인물과 사건이 창조되기도 한다. 가령 김유정의 단편 소설은 식민지 조선의 농촌 사회에 대한 풍부한 경험과 지식 없이는 결코 창작될 수 없었을 것이다. 박경리의「토지」(1969~1994)에서 '평사리'라는 공간적 배경을 빼놓는다면 소설이 가진 매력이 반감되거나 스토리 자체가 매끄럽게 진행되지 못했을 것이다. 조정래의「태백산맥」(1986~1989)의 공간적 배경을 바꿔 버린다면, 전라도 지역 특유의 맛깔스럽고 구성진 사투리가 힘을 발휘할 수 없었을 것이다. 또한「지킬 박사와 하이드」의 음산하고 우울한 도시 풍경은 런던에 대한 구체적 정보와 지식이 없이는 묘사되기 어려웠을 것이다. 이렇듯 성공적인 공간 묘사는 문학 작품의 성패를 좌우하는 중요한 역할을 한다.

　계절의 첫 안개가 내리고 있었다. 짙은 초콜릿 빛깔 장막이 하늘을 뒤덮으며 낮게 깔려 있었다. (……) 안개가 조금 걷히면서 낡은 거리와 천박한 술집, 싸구려 프랑스 식당, 탐정소설과 값싼 샐러드를 파는 가게 등이 보였다. 누더기를 걸친 아이들이 건물 입구마다 웅크리고 모여 앉아 있었고, 이국 출신 여인네들이 술에 취한 채 손에 열쇠를 들고 해장술을 하러 가고 있었다. 곧 엄버처럼 짙은 갈색의 안개가 다시 내려앉으며 그 지저분한 배경으로부터 차단되었다. 이곳이 헨리 지킬이 아끼는, 25만 파운드를 상속받을 자의 집이었다.

—로버트 루이스 스티븐슨, 『지킬 박사와 하이드』에서

지킬 박사의 친구 어터슨이 '우아하고 세련된 지킬의 세계'에서 '음울하고 괴기스러운 하이드의 세계'로 옮아가는 모습이다. 런던의 유명인사로서 호화롭게 살아가고 있었던 지킬 박사는 그 우아한 겉모습 뒤편에 또 다른 끔찍한 자아, 하이드를 숨겨 놓고 있었다. 어둡고 침울한 런던의 빈민가에서 밤마다 범죄 행각을 벌이는 하이드는 곧 지킬의 억압된 자아, 또 다른 분신이었다. 하이드의 야만적인 폭력성은 '화려한 도시의 겉모습' 뒤에 있는 '숨기고 싶은 결핍과 치부'로 묘사된다. 지킬 박사의 표리부동한 삶은 어두운 슬럼가를 숨겨 놓은 위대한 대도시 런던의 이중성을 꼭 빼닮은 셈이다.

낡은 목조건물이었다. 한 귀퉁이에 버티고 있는 두 개의 통나무 기둥이 모로 기울어지려는 집을 간신히 지탱하고 있었다. 기와를 얹은 지붕에는 두세 군데 잡초가 반길이나 무성해 있었다. 나중에 들어 알았지만 왜정 때는 무슨 요양원(療養院)으로 사용되어온 건물이라는 것이었다. 전면(前面)은 본시 전부가 유리창문이었는데 유리는 한 장도 남아 있지 않왔다. 들이치는 비를 막기 위해서 오른편 창문 안에는 가마니때기가 늘이어 있었다. 이 폐가와 같은 집 앞에 우두커니 우산을 받고 선 채, 원구는 한동안 움직이지 않았다. 이런 집에 도대체 사람이 살고 있을까? 아이들 만화책에 나오는 도깨비집이 연상됐다. 금시 대가리에 뿔이 돋은 도깨비들이 방망이를 들고 쏟아져나올 것만 같았다. 이런 집에 동욱과 동옥이가 살고 있다니.

—손창섭, 「비 오는 날」에서

손창섭의 「비 오는 날」(1959)에 등장하는 동옥 남매의 다 쓰러져 가는 집은 이 작품의 주제 자체에 기여하는 중요한 상징적 공간이다. 마치 들어가면 다시는 나올 수 없을 것만 같은 캄캄한 동굴 속처럼 어둡고 음습한 동옥의 집. 바라보는 것만으로도 도깨비나 귀신이 튀어나올 것만 같은 음산하고 괴기스러운 공간을 바라보며 원구는 동옥 남매의 비극적 운명을 예감한다.

이 어두운 상징적 공간은 등장인물 모두의 삶을 지배하면서 강력한 심리적 영향력을 행사한다. 공간을 묘사하는 작가의 시선 속에 이미 동욱의 비극적 운명이 복선처럼 드러나 있다. 원구는 질문한다. 이런 집에 도대체 사람이 살고 있을까? 이런 집에 동욱과 동옥이가 살고 있다니. 원구는 어렸을 때 절친한 벗이었지만 이제는 도저히 "함께 할 수 없을 것만 같은" 동욱 남매의 비참한 일상을 보며, 그 집을 "바라볼 수는 있지만, 그 집 속에 들어가 함께 살 수는 없는" 자신을 발견한다. 동욱은 아름답고 재능 있는 여동생 동옥이 원구와 결혼하기를 바라지만, 원구는 자신의 힘겨운 인생조차 지탱하기 어려웠고 동옥을 가엾게 여길 순 있었지만 완전히 책임질 수는 없었다. 「비 오는 날」의 또 하나의 주인공은 바로 이렇게 동욱 남매의 삶 그 자체를 더없이 빼닮은 그들의 초라한 '집'이었던 것이다.

작품의 주제를 결정하는 공간

> 모든 것이 아주 편안하고 포근하며 아늑합니다. 저는 이 방 저 방을 돌아다니면서 가구들을 탐내고 있어요. 이곳은 아이들을 키우기에 가장 좋은 집입니다. 숨바꼭질하기 좋은 컴컴한 구석과 옥수수를 튀겨 먹기 좋은 벽난로, 비 오는 날 뛰어놀기 좋은 다락방, 햇볕이 잘 드는 아주 커다란 부엌, 그리고 마음씨 좋고 명랑한 뚱보 식모 아주머니가 있어요. 이 식모 아주머니는 이 집에 13년이나 살았는데 늘 아이들에게 빵을 구워 주려고 밀가루 반죽 토막을 남겨서 두지요. 이런 집을 보기만 해도 다시 어린애가 되고 싶어져요.
>
> —진 웹스터, 『키다리 아저씨』에서

이 장면은 고아 소녀 주디 애벗의 눈에 비친 친구 샐리의 집 풍경이다. 주디의 눈에 비친 샐리의 집이 아름다워 보이는 이유는 화려하고 고급스런 인테리어 때문이 아니라 화목한 집에서만 풍겨 나오는 포근하고 아늑한 느낌 때문이다.「키다리 아저씨」에서 주디가 묘사하는 샐리의 집은 단지 작품의 배경에 그치는 것이 아니라 주디의 성격과 욕망을 드러내는 중요한 매개체가 된다. 한 번도 제대로 된 집에서 살아 보지 못한 주디에게 그 집은 가족의 온기와 사랑을 느낄 수 있는 최초의 기념비적 공간이었다. 이 집은 샐리에겐 자연스러운 일상의 공간이지만 고아로 자란 주디에게는 지금까지 한 번도 맛보지 못한 사랑과 배려의 공간이다. 독자는 이 아름다운 공간 묘사를 통해 주디가 겪어야 했던 외로움과 슬픔의 깊이를 헤아릴 수 있는 것이다. 이렇듯 작품 속의 공간 묘사는 주인공의 성격을 드러내 주는 중요한 매개체가 되기도 한다.

오래간만에 맡는, 그렇게도 그립던 갯냄새였다.

아낙네들은 모두 서로 눈만 바라보고 말이 없었다.

상수도 징용으로 끌려가버린 산골에서는 견딜 수 없는 해순이었다. 오뉴월 콩밭에 들어서면 깝북 숨이 막혔다. 바랭이풀을 한 골 뜯고 나면 손아귀에 맥이 탁 풀렸다. 그럴 때마다 눈앞에 훤히 바다가 틔어왔다.

물옷을 입고 철벙 뛰어들면…… 해순이는 못 견디게 바다가 아쉽고 그리웠다.

(……)

"수수밭에 가면 수숫대가 모두 미역발 같고, 콩밭에 가면 콩밭이 왼통 바다만 같고……"

"그래?"

"바다가 보고파 자꾸 산으로 올라갔지 머, 그래도 바다가 안 보이데."

"그래 너거 새서방은?"

"징용 간 지가 언제라고……"

"저런……"

"시집에선 날 매구 혼이 들렸대."

"쯧쯧."

"난 인제 죽어도 안 갈 테야, 성님들하고 여기 같이 살 테야!"

(……)

아낙네들은 해순이를 앞세우고 후리막으로 달려갔다. 맨발에 식은 모래가 해순이는 오장육부에 간지럽도록 시원했다.

달음산 마루에 초아흐레 달이 걸렸다. 달그림자를 따라 멸치떼가 들었다.

─데에야 데야.

드물게 보는 멸치떼였다.

─오영수, 「갯마을」에서

오영수의 「갯마을」(1953)에서 해순은 고기 잡으러 나간 남편을 사고로 잃고 시어머니와 단둘이 살던 중 새로운 사랑을 만나 산골마을로 떠난다. 그러나 두 번째 남편 상수도 징용에 끌려가자 해순은 산골마을에서 좀처럼 적응하지 못한다. 바다가 남편을 앗아 가

긴 했지만 그래도 바다를 그리워할 수밖에 없는, 바다 냄새를 맡으며 살아야만 하는 해순의 애틋한 귀소 본능 때문이었다. 밭을 갈던 호미를 내던지고 한달음에 바다로 달려온 해순은 이제 다시는 바다를 떠나지 않겠다며, 남편이 없어도 '성님들'과 함께 멸치떼를 잡으며 바다에 살겠다고 다짐한다.

「갯마을」의 또 하나의 주인공은 특정한 인물이 아니라 인간의 본능적인 회귀 욕망을 자극하는 드넓은 바다, 그 자체다. 해순은 아무리 고향을 떠나도 또다시 바다의 갯내음을 맡고 살아야 비로소 '사는 듯이' 살 수 있을 것만 같았다. 이 그리운 바다는 단지 작품의 보조적 장치가 아니라 그 자체로 성격과 이미지를 지닌, 살아 있는 주인공으로 발돋움한 것이다.

한편 어떤 작가에게는 지리적 상상력이 자신의 작품 세계 전체를 좌우하는 사상적 원동력이 되기도 한다. '북방의 상상력', '변경의 상상력'으로 요약되는 시인 이용악의 작품 세계는 고향 땅을 떠나 이역만리에서 생존의 압박과 싸워야 하는 식민지 유이민(流移民)들의 삶을 토대로 하여 창조된 것이었다.

무엇을 실었느냐 화물열차의
검은 문들은 탄탄히 잠겨졌다
바람 속을 달리는 화물열차의 지붕 우에
우리 제각기 드러누워

한결같이 쳐다보는 하나씩의 별

두만강 저쪽에서 온다는 사람들과
쟈무스에서 온다는 사람들과
험한 땅에서 험한 변 치르고
눈보라 치기 전에 고향으로 돌아간다는
남도 사람들과
북어 쪼가리 초담배 밀가루 떡이랑
나눠서 요기하며 내사 서울이 그리워
고향과는 딴 방향으로 흔들려 간다

푸르른 바다와 거리 거리를
설움 많은 이민열차의 흐린 창으로
그저 서러이 내다보던 골짝 골짝을
갈 때와 마찬가지로
헐벗은 채 돌아오는 이 사람들과
마찬가지로 헐벗은 나요
나라에 기쁜 일 많아
울지를 못하는 함경도 사내

총을 안고 뽈가의 노래를 부르던

슬라브의 늙은 병정은 잠이 들었나

바람 속을 달리는 화물 열차의 지붕 우에

우리 제각기 드러누워

한결같이 쳐다보는 하나씩의 별

—이용악, 「하나씩의 별」

'설움 많은 이민 열차'에는 고향을 떠나 온갖 산전수전을 겪은 유이민들의 슬픔이 그득하다. 청운의 꿈을 안고 고향을 떠났던 사람들이 '갈 때와 마찬가지로 헐벗은 채 돌아오는' 심정은 얼마나 막막했을까.

이용악의 시들은 이민자가 급속히 늘어나고 있는 현대 사회의 '디아스포라(diaspora: 종족의 이산, 분산)' 문제를 선구적으로 포착했다. 디아스포라는 원래 뿔뿔이 흩어진 유대인들의 삶을 가리키는 말이었지만 현대 사회에서는 고향을 떠나 낯선 공간에서 살아가는 사람들을 가리키는, 보다 포괄적인 의미로 확장되었다. 고향에서 살던 시간보다 고향을 떠나 살아온 시간이 훨씬 더 길어진다 해도, 그들의 마음속에는 항상 어제 떠나온 것같이 생생한 고향의 이미지. 그것은 '집단의 망각'에 저항하는 '개인의 기억'을 복원해 내는 문학적 상상력이다. 공식적인 역사 속에서 고향을 떠난 사람들은 점점 망각되어 가지만 문학 작품은 떠나간 유이민들의 가슴속에 살아 있던 '하나씩의 별'을, '하나씩의 고향'을 잊지 않고 담아내고 있다. 이용악의 작품 속에서 잊을 수 없는 아름다움으로 묘사된 이 이름 없는 디아스포라들은 최근 전 세계 문학에서 공통적으로 발견되는 인류학적 화두가 되었다.

문학 작품 속 기념비적 공간

성공적인 공간의 묘사는 문학 작품에서 사회적 공감대를 넓히는 중요한 원동력이 되기도 한다. 조세희의 「난장이가 쏘아올린 작은 공」(1976)에 등장하는 '낙원구 행복동'은 이 세상에 존재하지 않는 상상 속의 공간이지만 잔인한 철거와 심각한 노동 쟁의로 얼룩진 1970대 한국 사회의 보편적 체험을 상기시키는 상징적 공간이기도 하다. 「난장이가 쏘아올린 작은 공」의 문학적 영향력은 1970년대를 넘어 21세기까지도 변함없이 지속되고 있다. 비좁고 초라한 공간이지만 적어도 다섯 식구가 따스하게 몸을 누일 수 있었던 유일한 보금자리가 하루아침에 '철거 대상'으로 전락해 버리는 모습은 여전히 '집과의 전쟁', '주거와의 전투'를 치르고 있는 한국 사회의 계급 갈등을 아프게 환기시킨다.

나는 어머니를 위해 철거 계고장을 천천히 읽었다.

> **낙 원 구**
>
> 주택: 444,1 —　　　　　　　　　　　　197×. 9. 10
>
> 수신: 서울특별시 낙원구 행복동 46번지의 1839 김불이 귀하
>
> 제목: 재개발 사업 구역 및 고지대 철거 지시
>
> 귀하 소유 아래 표시 건물은 주택 개량 촉진에 관한 임시 조치법에 따라 행복3구역 재개발 지구로 지정되어 서울특별시 주택 개량 재개발 사업 시행 조례 제15조, 건축법 제5조 및 동법 제42조의 규정에 의하여 197×. 9. 30까지 자진 철거할 것을 명합니다. 만일 위의 기일까지 자진 철거하지 않을 경우에는 행정 대집행법의 정하는 바에 의하여 강제 철거하고 그 비용은 귀하로부터 징수하겠습니다.
>
> 철거 대상 건물 표시
>
> 서울특별시 낙원구 행복동 46번지의 1839
>
> 구조　　건평　　평
>
> 　　　　　　　　끝
>
> 　　　　　　　　　　　　　　　　　　낙원구청장

—조세희, 『난장이가 쏘아올린 작은 공』에서

　난쟁이 가족의 집이 잔인하게 철거되는 순간, 인부들의 망치가 난쟁이 가족의 정든 추억의 공간을 박살내는 순간, 우리 마음에 자리 잡았던 일말의 기대와 희망도 무너져 내린다. 희망이나 행복과

는 전혀 거리가 멀어 보이는 난쟁이 가족들에게 '낙원구 행복동'이라는 반어적인 명칭은 작중 인물의 고통을 더욱 잔인하게 형상화한다. 난쟁이 가족의 유일한 거처가 파괴된 이후 가족들은 마치 그 집의 슬픈 운명처럼 산산조각으로 부서져 버린다.

  문학 작품 속 공간은 '이 세상에 존재하는 구체적 공간'뿐 아니라 독자의 마음속에 영원히 간직될 수 있는 아름다운 문화적 상징으로 기능하기도 한다. 김승옥의 「무진 기행」에 등장하는 안개의 도시 '무진'은 실제로 지도에는 존재하지 않지만 한국 문학의 독자들에게는 세상에서 가장 돌아가고 싶은 그리운 도시 중의 하나로 자리 잡지 않았는가? 이렇듯 문학 작품 속의 공간은 단지 인물을 감싸는 보조적인 배경이 아니라 인간의 삶 자체를 담은 무형의 그릇이자 추억의 터전이다.

  무진에 명산물이 없는 게 아니다. 나는 그것이 무엇인지 알고 있다. 그것은 안개다. 아침에 잠자리에서 일어나서 밖으로 나오면, 밤사이에 진주해 온 적군들처럼 안개가 무진을 뺑 둘러싸고 있는 것이었다. 무진을 둘러싸고 있던 산들도 안개에 의하여 보이지 않는 먼 곳으로 유배당해 버리고 없었다. 안개는 마치 이승에 한이 있어서 매일 밤 찾아오는 여귀(女鬼)가 뿜어내 놓은 입김과 같았다. 해가 떠오르고, 바람이 바다 쪽에서 방향을 바꾸어 불어오기 전에는 사람의 힘으로써는 그것을 헤쳐버릴 수가 없었다. 손으로 잡을 수 없으면서도 그것은 뚜렷이 존재했고 사람들을 둘러쌌고 먼 곳에 있는 것으로부터 사람들을 떼어놓았다. 안개, 무진의 안개, 무진의 아침에 사람들이 만나는 안개, 사람들로 하여금 해를, 바람을 간절히 부르게 하는 무진의 안개, 그것이 무진의 명산물이 아닐 수 있을까!

—김승옥, 「무진 기행」에서

비극적인 '비',
에로틱한 '비'

피할 수 없는 날씨의 운명

날씨 때문에 울고 웃는 주인공들

소설 속에서는 왜 유독 비 오는 날이 많을까? 생각해 보면 '비 오는 날'이라는 이유만으로 더욱 이해가 잘 되는 사건과 분위기가 있다. 황순원의 「소나기」(1953)에서 만약 비가 내리지 않았다면 소년과 소녀의 애틋한 첫사랑이 그토록 가슴 설레는 느낌으로 시작될 수 있었을까? 에밀리 브론테의 소설 「폭풍의 언덕」(1847)에서 캐서린과 히스클리프의 비극적 사랑이 '햇볕 쨍쨍 내리쬐는 화창한 날씨'와 어울릴 수 있었을까? 김승옥의 소설 「무진 기행」에서 '안개'로 진을 친 듯한 도시 무진의 음울하면서도 신비로운 분위기가 없었다면, 과연 이 소설이 명작의 반열에 오를 수 있었을까? 문학 작품에서 날씨는 분명 '날씨 그 이상'의 의미를 함축하고 있다. 날씨는 줄거리에 개연성을 부여하기도 하고, 등장인물의 성격이나 기분을 강하게 부각시키기도 하며, 작품의 상징적 의미를 심화시키는 역할을 하기도 한다.

'비 오는 날'의 분위기를 십분 활용하고 있는 문학 작품 이야기로 시작해 보자. 개화기 신소설이나 식민지시대 소설에는 유난히 '날씨'에 대한 치밀한 묘사로 시작되는 작품들이 많다. 당시 사람들은 아직 농경 사회의 탈을 벗지 않았기에 현대인보다 훨씬 날씨에 민감하고 해박했던 것이다. 앞으로 우리가 만나 볼 세 작품도 '날씨' 때문에 울고 웃는 주인공들이 등장하는 대표적인 작품들이다. 바로 현진건의 「운수 좋은 날」, 김유정의 「소낙비」, 그리고 손창섭의 「비 오는 날」이다.

이 세 작품은 모두 '비 오는 날'의 독특한 분위기가 작품 전체를 장악하고 있다. 「운수 좋은 날」의 첫 장면은 이렇게 시작된다. "새침하게 흐린 품이 눈이 올 듯하더니, 눈은 아니 오고 얼다가 만 비가 추적추적 내리었다. 이날이야말로 동소문 안에서 인력거꾼 노릇을 하는 김 첨지에게는 오래간만에도 닥친 운수 좋은 날이었다." 그러나 김 첨지는 유난히 운수가 좋은 날에 이상하게도 마음 한구석에 자리 잡은 불안감을 떨쳐 내지 못한다. 바로 오늘 아침 출근길 아내의 애원 때문이었다. "오늘은 나가지 말아요. 제발 덕분에 집에 붙어 있어요. 내가 이렇게 아픈데······." 아내는 '비 덕분에'라도 아픈 자신과 함께 있어 주기를 바랐던 것이다.

　김 첨지는 이상하리만치 손님이 많은 이날의 갑작스런 행운 때문에 오히려 자신에게 닥쳐 올 비극을 선명하게 예감한다. 그는 자신의 불길한 예감이 실현되는 순간을 어떻게든 미루고 싶어서, 평소에는 돈이 없어 먹지도 못하던 비싼 술과 안주를 마음껏 시켜 먹기까지 하며 퇴근 시간을 늦춘다. 아내가 그토록 먹고 싶어 했던 설렁탕을 이제야 사 왔건만, 집 안은 쥐죽은 듯 고요하다. 비 온 뒤의 정적은 불도 때지 못한 집 안의 냉기와 합쳐져 더욱 음산한 분위기를 자아낸다. "설렁탕을 사다 놓았는데 왜 먹지를 못하니, 왜 먹지를 못하니······. 괴상하게도 오늘은 운수가 좋더니만······." 마침내 현실로 이루어진 참혹한 장면 앞에서 김 첨지는 목 놓아 운다. 비 내리는 거리를 미친 듯이 뛰어다니며 힘겹게 벌어온 그 소중한 돈은 이제 아무런 쓸모가 없게 되어 버린 것이다. 하루 종일 추적추적 비가 내리는 우울한 날씨가 없었다면 「운수 좋은 날」은 그 쓰라린 비극의 분위기가 반감되었을 것이다.

　한편 김유정의 「소낙비」(1935)에서 쏟아지는 비는 여주인공의 젊고 아름다운 육체를 더욱 돋보이게 하는 무대장치로 기능한다. 「운수 좋은 날」에서 '비'의 역할이 작품의 암울한 분위기를 더욱 고조시키는 것이었다면, 「소낙비」에서 '비'의 역할은 인간의 에로틱한 욕망을 더욱 선명하게 부각시키는 역할을 한다. 춘호의 아내는 힘겹게 도라지와 더덕 등을 캐어 보리쌀과 바꾸어 먹는 가난한 살림을 꾸려 간다. 남편 춘호는 도박을 하기 위해 '2원만 해 달라'고 야단법석을 피우며 아내를 때리기까지 한다. 남편에게 구타당하다 쫓겨난 아내는 당장 2원을 마련할 길이 막막하기만 하다.

아내는 오래전부터 동네에서 가장 부유한 이 주사와 눈이 맞아 호의호식하는 쇠돌 엄마를 부러워한다. 수치심을 참고 이 주사에게 몸을 허락하면 남편에게 더 이상 매를 맞지 않을 수 있지 않을까? 비 오는 날 인적은 드물어지고 내리는 비 때문에 어둑어둑해진 틈을 타 아내는 이 주사의 집을 찾아간다. "나뭇잎에서 빗방울은 뚝뚝 떨어지며 그의 뺨을 흘러 젖가슴으로 스며든다. 바람이 지날 적마다 냉기와 함께 굵은 빗발이 몸에 들이친다. 비에 쪼르륵 젖은 치마가 몸에 찰싹 감기어 허리로, 궁둥이로, 다리로, 살의 윤곽이 그대로 비쳐 올랐다." 억수같이 쏟아지는 비는 여인의 젊은 육체를 더욱 관능적으로 보이게 만든다. 이 주사는 기다렸다는 듯 춘호 처의 육체를 정복해 버리고 만다. 이 모든 일들이 쏟아지는 빗속에서 이루어진다. 「소낙비」에서 '비'의 힘이 없었다면, 작품의 생생한 긴장감은 제대로 유지되지 못했을 것이다.

날씨, 운명을 예감하는 거울

손창섭의 「비 오는 날」은 제목부터 심상치 않다. 이 소설은 비 오는 날 특유의 우울한 분위기를 십분 활용한 대표적인 작품이다. 아름답고 총명하지만 비극적 운명을 피할 수 없었던 여인 동옥의 창백한 얼굴은 비 오는 날의 우울과 광기를 닮았다. 문학 작품 속에서 내리는 비는 비극적인 사랑의 슬픔이나 홀로 남겨진 자의 돌이킬 수 없는 고독을 표현하는 데 더없이 효과적인 장치다. 하염없이 내리는 비는 비참한 상황을 더욱 비참하게, 비극적인 상황을 더욱 비극적으로 만드는 감정의 증폭제 역할을 한다. 이 작품은 주인공 원구가 '비 오는 날'마다 동욱, 동옥 남매를 떠올리는 장면으로 시작된다.

> 이렇게 비 내리는 날이면 원구(元求)의 마음은 감당할 수 없도록 무거워지는 것이었다. 그것은 동욱(東旭) 남매의 음산한 생활 풍경이 그의 뇌리를 영사막처럼 흘러가기 때문이었다. 빗소리를 들을 때마다 원구는 으레 동욱과 그의 여동생 동옥(東玉)이 생각나는 것이었다. 그들의 어두운 방과 쓰러져가는 목조건물이 비의 장막 저편에 우울하게 떠오르는 것이었다. 비록 맑은 날일지라도 동욱이 오뉘의 생활을 생각하면, 원구의 귀에는 빗소리가 설레고 그 마음 구석에는 빗물이 스며 흐르는 것 같았다. 원구의 머릿속에 떠오르는 동욱과 동옥은 그 모양으로 언제나 비에 젖어 있는 인생들이었다.
>
> ─손창섭, 「비 오는 날」에서

비에 젖어 있는 인생들. 아마 이 대목이야말로 동욱과 동옥 남매의 삶을 가장 명쾌하게 요약한 대목일 것이다. 한국전쟁 당시 부산으로 피난한 두 남매는 누군가의 관심과 도움을 절실히 필요로 하고, 원구 또한 옛 친구 동욱에 대한 우정과 그의 누이 동옥에 대한 호기심을 저버리지 못한다. 동옥의 창백한 아름다움과 신출귀몰한 그림 솜씨, 그리고 심하게 절룩이는 그녀의 다리는 원구로 하여금 매혹과 연민을 동시에 느끼게 만든다. 하지만 원구 또한 동욱과 동옥을 전폭적으로 지원할 수 있을 정도의 여유는 없었다. 동욱은 원구가 누이동생 동옥과 결혼해 주기를 바라지만, 원구 또한 전쟁 중에 힘겹게 제 살 길을 찾느라 바쁜 몸이었다. 세 사람의 비극적인 운명을 암시하는 장면에도 역시 '빗물'이 등장한다. 동옥이 그동안 한 번도 원구 앞에서 일어서지 않았던 이유를 알게 되는 극적인 장면이다.

> 원구는 별안간 엉덩이가 척척해들어옴을 의식하였다. 바께쓰의 빗물이 넘어서 옆에 앉아 있는 원구의 자리로 흘러내린 것이었다. (……) 순식간에 방바닥은 물바다가 되고 말았다. (……) 그 순간 동옥의 동작이 예사롭지가 않았다. 원구에게 또 하나 우울의 씨를 뿌려주는 것이었다. 원피스 밑으로 드러난 동옥의 왼쪽 다리가 어린애의 손목같이 가늘고 짧았기 때문이다. 그러한 다리를 옮겨 디디는 순간 동옥의 전신은 한쪽으로 쓰러질 듯이 기울어지는 것이었다. 동옥은 다시 한 번 그 가늘고 짧은 다리를 옮겨 놓는 일 없이, 젖지 않은 구석 자리에 재빨리 주저앉아버리고

말았다. 그러고는 희다 못해 파랗게 질린 얼굴에 독이 오른 눈초리로 원구를 잡아먹을 듯이 노려보는 것이었다.

—손창섭, 「비 오는 날」에서

　동욱의 한없는 무기력증과 패배주의, 타인을 향한 적대감과 폐쇄성은 결국 원구조차 감당하기 힘든 마음의 장벽이었다. 동옥은 자신의 '어린애의 손목같이 가늘고 짧은' 다리를 누구에게도 보여 주기 싫었고, 원구는 마치 봐서는 안 될 타인의 은밀한 상처를 본 듯 마음이 쓰라리다. 결국 세 사람은 뿔뿔이 흩어지고 원구는 비 오는 날마다 그들 남매를 생각하며 알 수 없는 죄책감을 느낀다.

욕망의 속살이 투명하게 비치는 시간

　비 오는 날은 우리의 마음 깊숙이 숨겨진 수많은 우울의 씨앗들이 움트는 시간이다. 햇살 빛나는 오후의 날씨에는 살짝 망각할 수도 있고, 기분 좋게 웃어넘길 수도 있는 모든 슬픔과 좌절된 욕망과 안타까운 삶의 회한이 불현듯 한꺼번에 떠오르는 시간. 비 오는 시간은 우리 내면에 꼭꼭 감추어 두었던 욕망의 속살이 투명하게 비치는 시간이다. 그리하여 비처럼 숨길 수도 멈출 수도 없는 우리의 욕망과, 비처럼 멈출 수도 숨길 수도 없는 우리의 슬픔을 더욱 생생하게 도드라지게 한다.

비는 노아의 홍수처럼 모든 욕망의 흔적을 쓸어가는 '파괴'의 역할을 하기도 하지만 비온 뒤의 땅에는 언제나 새로운 생명이 솟아난다. 비는 파괴와 정화의 역할을 동시에 수행하는 것이다. 어쩌면 문학 그 자체가 비를 닮았을지도 모른다. 인간의 감당할 수 없는 고통을 더욱 생생하게 드러내주는 문학의 역할 자체가 비를 닮은 것이 아닐까?

눈 덮인 시베리아의 끝없는 설원과 살을 에는 추위가 없었다면 「닥터 지바고」(1957)의 아름답고 절박한 로맨스가 가능했을까? '칼날처럼 이마를 찌르는 따가운 햇살' 때문에 살인을 저질렀다고 고백하는 「이방인」(1942)의 뫼르소. 그는 과연 그 따가운 햇빛이 없었더라도 그토록 끔찍한 범죄를 저질렀을까? 날씨는 물론 사건의 원인 그 자체가 될 수는 없다. 그러나 날씨의 효과적인 묘사가 작품 전체의 분위기를 좌우하는 것만은 틀림없다.

날씨는 주인공이나 사건에 대해 '직접' 말하지 않는다. 그러나 문학 작품에 나타난 날씨를 통해 우리는 주인공의 성격과 사건을 짐작하고 추론할 수 있다. 현대 과학은 눈부시게 발전했지만 아직 우리는 '날씨의 운명'만은 피할 수 없다. 다가오는 폭풍도, 예고 없는 폭설도 막아낼 재간이 없는 것이다. 인간은 날씨와 싸우면서 운명을 만들어 나가고 날씨를 통해 운명을 예감하기도 한다. 문학과 날씨의 관계는 영화와 배경음악 관계만큼이나 불가분의 관계인 셈이다.

어떻게 먹을 것인가,
누구에게 먹일 것인가?

**생명과 생존에 대한
강력한 은유, 음식**

음식을 향한 인간의 끝없는 투쟁

"무엇을 먹었는지 말해 보라. 그러면 당신이 어떤 사람인지 말해 주겠다"는 말이 있을 정도로, 식사 습관은 한 사람의 라이프스타일과 성격까지 결정하는 중요한 요소다. 문학 작품에서도 음식에 얽힌 이야기들이 자주 등장하는데, 배고픈 시대일수록 음식에 대한 비극적인 에피소드가 빈발한다. 배고픔 때문에 자식을 내버린 부모들에 대항하여 아이들이 생각해 낸 천국은 바로 헨젤과 그레텔이 발견한 '과자로 만든 집'이었고, 청년 장 발장을 감옥에서 19년이나 갇혀 지내게 만든 사건의 발단은 그가 훔친 빵 한 조각이었으며,

남의 밭에서 감자 몇 알 훔치려다가 자신의 정절을 팔고 목숨까지 잃어버린 여인의 이야기는 김동인의 소설 「감자」로 형상화되었다. 오랫동안 문학은 어떻게 먹을 것인가, 누구에게 먹일 것인가, 무엇을 먹을 것인가를 두고 싸우는 인간의 끝없는 투쟁을 그려 왔다.

詩 한 편에 삼만원이면
너무 박하다 싶다가도
쌀이 두 말인데 생각하면
금방 마음이 따뜻한 밥이 되네

시집 한 권에 삼천 원이면
든 공에 비해 헐하다 싶다가도
국밥이 한 그릇인데
내 시집이 국밥 한 그릇만큼
사람들 가슴을 따뜻하게 덥혀줄 수 있을까
생각하면 아직 멀기만 하네

시집이 한 권 팔리면
내게 삼백 원 돌아온다
박리다 싶다가도
굵은 소금이 한 됫박인데 생각하면

푸른 바다처럼 상할 마음 하나 없네

—함민복,「긍정적인 밥」

　이 시에서 볼 수 있듯 화폐의 교환가치로 따져 보면 한없이 힘겨운 글쓰기라는 노동이, 쌀 두 말, 국밥 한 그릇, 소금 한 됫박의 가치를 가진다고 생각하면 한없이 뿌듯하고 숭고해진다. 겨우 삼백 원, 겨우 삼천 원, 겨우 삼만 원밖에 안 되어 보이던 노동의 대가가, 온 식구가 몇 달 동안 먹을 소금 한 됫박, 누군가의 외롭고 추운 저녁을 따뜻하게 데워 주는 국밥, 온 가족을 몇 달 동안 먹일 수 있는 쌀 두 말로 바뀌는 순간. 바로 그 순간이 '기적'이 될 수도 있다는 점을 이 시는 아름답게 형상화하고 있다.
　음식에 대한 태도는 당대인의 세계관을 반영하는 결정적인 지표가 된다. 누군가를 자신들의 커뮤니티로 초대하는 가장 관습적인 상징이 바로 식사 초대이기도 하다. 아직 완전히 '자신의 사람'인지 확신할 수 없는 때는 그냥 '차나 한 잔 할까요'라고 말하지만, 누군가를 식사에 초대한다는 것은 타인을 자신의 커뮤니티로 받아들이겠다는 의미이기 때문이다. 함께 식사하는 것은 '나의 세계로 들어온 것을 환영합니다', 혹은 '당신은 내 인생의 일부분입니다'라는 것을 인정하는 행위인 셈이다. 아무리 진수성찬에 산해진미가 넘쳐나도 불편한 자리거나 눈치가 보일 때, 마주치기 어색한 사람이 있을 때는 음식의 맛을 제대로 느낄 수가 없으니까 말이다. 이 세상에 아무리 천차만별의 사람들이 살고 있다고 하더라도 '밥을 먹어야 살 수 있다'는 진리만큼은 인류의 명백한 공통점이다.
  다음 시는 아무리 최첨단 정보화 시대의 바람이 불어도 변하지 않는 밥의 소중한 가치를 일깨운다.

    아무리 세상이 변하고 좋아져도
    사람은 밥을 먹어야만 살 수 있다
    정보와 서비스를 먹고는 못산다
    이 몸의 진리를 건너뛰면 끝장이다

    첨단 정보와 지식과 컴퓨터가
    이 시대를 이끌어간다 해도
    누군가는 비바람치고 불볕 쬐는 논밭을 기며
    하루 세 끼 밥을 길러 식탁에 올려야 한다

    누군가는 지하 막장과 매캐한 공장에서
    쇠를 캐고 달구고 제품을 생산해야 한다
    이 지구 어느 구석에선가 나 대신 누군가가
    더럽고 위험한 일을 몸으로 때워야만 한다

    정보다 문화다 서비스다 하면서 너나없이

논밭에서 공장에서 손털고 일어서는

바로 그때가 인류 파멸의 시간이다

앞서간다고 착각하지 마라

일하는 사람이 세상의 주인이다!

─박노해, 「몸의 진리」

사랑, 사람, 삶의 상징

"금동아리의 비싼 술은 만백성의 피요 옥소반의 기름진 안주는 만백성의 고혈이라." 「춘향전」에서 이몽룡이 변학도의 화려한 잔칫상을 풍자하는 대목이다. 만백성의 피눈물이 묻은 금은보화와 산해진미로 사리사욕을 채웠던 탐관오리들. 그들이 즐겼던 호화로운 음식들은 곧 수많은 백성의 굶주림을 대가로 만들어졌다. 의식주의 비중에서 음식의 중요도가 가장 높았던 시절은 인류의 역사에서 매우 기나긴 시간이었다. 음식이 곧 화폐 못지않은 가치를 발휘했고, 보통 사람이 음식을 배불리 먹을 수 있는 날은 1년 중 명절과 제사를 빼고는 손에 꼽을 정도였다. 삶을 견디게 해 주는 것도 음식이었고, 사람의 살림살이와 됨됨이를 표현하는 것도 음식이었고, 타인에 대한 사랑을 표현하는 가장 좋은 방법도 음식을 나눠 주는 것이었다. 음식이 곧 삶이자 사람이자 사랑이었던 시절이었다.

라우라 에스키벨의 소설 「달콤 씁싸름한 초콜릿」에서는 음식의 맛을 통해 타인과 소통하는 한 여인의 이야기가 펼쳐진다. 막내딸은 결혼조차 할 수 없고 평생 어머니를 돌봐야 한다는 가혹한 관습의 희생자였던 티타. 그녀는 사랑하는 남자 페드로가 친언니와 결혼하는 불행을 견디며 오직 '요리'로 자신의 마음을 표현한다. 요리의 달인이었던 티타는 사랑에 빠지는 순간 "모든 물질이 왜 불에 닿으면 변하는지, 평범한 반죽이 왜 토르티야가 되는지, 불 같은 사랑을 겪어 보지 못한 가슴은 왜 아무런 쓸모도 없는 반죽 덩어리에 불과한 것인지" 그제야 깨달을 수 있게 된다. 여성의 의사 표현이 제한된 사회 분위기 속에서, 사랑조차 맘대로 할 수 없었던 티타는 요리의 역동적인 행위와 음식을 통한 오감의 체험을 통해 말할 수 없는 내면의 비밀을 소통하는 법을 터득하게 되는 것이다.

요리를 쟁반에 담아 식탁으로 향하던 티타는 페드로와 눈길이 마주친 순간, "팔팔 끓는 기름에 도넛 반죽을 집어넣었을 때의 느낌이 이런 거겠구나" 하고 생각한다. 그녀는 마치 자신이 기름에 튀겨지는 도넛 반죽처럼 온몸이 뜨겁게 달아올라 터질 것만 같은 기분이 된다. "얼굴과 배, 심장, 젖가슴, 온몸이 도넛처럼 기포가 몽글몽글 맺힐 듯이 후끈 달아올랐다." 이렇듯 그녀는 요리에 완벽하게 감정을 이입한 나머지 자신의 온몸이 음식이 된 듯한 느낌에 사로잡히곤 한다. 서로의 감정을 철저히 숨겨야 했던 두 남녀는 그녀의 영혼과 정성이 가득 담긴 요리를 통해 아무에게도 들키지 않고 은밀하게 사랑을 속삭일 수 있게 된다. 그녀의 자유를 옥죄던 요리라는 힘겨운 노동이, 그녀의 억눌린 육체와 감성을 해방시키는 사랑의 기술로 변신한 것이다. 이렇듯 음식은 단지 배고픔을 해소하는 도구를 넘어 인간의 감성을 표현하고 인간의 욕망을 실현시키는 결정적인 역할을 하기도 한다.

존 스타인벡의 퓰리처상 수상작 「분노의 포도」(1939)에는 인간에게 '음식'의 의미가 과연 무엇인가를 질문하게 하는 에피소드가 있다. 대공황기의 엄청난 경제난으로 일자리와 삶의 터전을 잃은 조드 일가. 조드의 딸 '로져샨'은 갖은 우여곡절 끝에 아기를 사산하지만, 죽은 아기에게 미처 먹이지 못한 모유를 먹일 사람을 비로소 발견한다. 오직 뱃속의 아이와 자신의 생존만을 생각하던, 다소 이기적이고 냉정한 성격의 로져샨은 거의 아사 직전에 있는 노인을 헛간에서 발견하고 자신이 해야 할 일이 무엇인지를 깨닫는다.

그녀는 천천히 구석으로 가서 남자의 쇠잔한 얼굴을 내려다보며 겁에 질려 크게 뜨고 있는 그 눈을 들여다보았다. 그리고 천천히 그 옆에 누웠다. 남자가 느릿느릿 고개를 저었다. 샤론의 로즈는 이불 한쪽을 열고 자신의 가슴을 드러냈다. "드셔야 해요." 그녀가 말했다. 그리고 몸을 움직여 가까이 다가가서 그의 머리를 끌어당겼다. "자!" 그녀가 말했다. "자요." 그녀의 손이 그의 머리 뒤로 돌아가서 머리를 받쳤다. 그녀의 손가락은 그의 머리카락을 부드럽게 쓸어 주었다. 그녀는 시선을 들어 건

너편 벽을 바라보았다. 그녀의 입술이 한데 모이더니 알 수 없는 미소를 지었다.

—존 스타인벡, 『분노의 포도』에서

로져샨의 진짜 아기는 죽었지만, 그녀는 자신이 돌봐야 할 '또 다른 아기'를 발견한다. 오직 자신만의 안위를 걱정하던 그녀가 포기할 수밖에 없었던 좌절된 '모성'이 구원받는 장면이기도 하다. 가난과 폭력에 시달리던 그녀의 아기가 태어나기도 전에 죽어서 그녀는 그토록 원했던 '엄마'가 되는 일에 실패한다. 하지만 이름 모를 나그네가 굶어 죽기 직전, 자신의 모유를 그에게 먹여 로져샨은 진정한 '어머니'의 힘을 깨닫게 된다. 자기 가족들의 먹을거리가 모자랄지라도 낯선 사람들의 배고픔을 차마 외면하지 못하던 그녀의 어머니 마조드의 거대한 사랑의 유산을 로져샨이 이어받는 모습이기도 하다. 그녀의 쇠약한 젖가슴에서 나온 소중한 모유가 죽어 가는 사람의 생명을 살린 것이다.

이렇듯 무엇보다도 음식은 인간의 생명과 생존 그 자체의 강력한 은유다. 아무리 값비싼 옷과 집을 소유해도 음식이 없다면 인간의 생명은 유지될 수 없고, 아무리 성대한 잔치를 벌여도 음식이 모자라거나 맛이 없다면 축제의 흥은 깨져 버리고 만다. 아무리 고통스러운 상황에서도 단 한 조각의 음식이 있다면 인간은 실낱같은 '희망'의 끈을 놓지 않을 수 있다. 최첨단 문명의 진보가 아무리 휘황 찬란할지라도, 여전히 음식은 우리에게 사랑이자 사람이자 삶, 그 자체인 것이다.

벤자민 버튼의 시간이
거꾸로 흐른 까닭은?

―

문학 속 환상

환상을 먹고 자라는 이야기의 꿈

인류가 상상할 수 있는 가장 끔찍한 미래는 무엇일까? SF 영화에서처럼 전염병이 창궐한다거나, 외계인이 지구를 정복한다거나, 인조인간이 인간을 지배한다는 상상은 물론 끔찍하다. 그러나 인간으로 하여금 이 모든 것을 가정하게 만드는 '상상력'을 빼앗는 것이야말로 무시무시한 미래가 아닐까? 상상력이야말로 문학과 예술은 물론 문명 전체를 살아남게 만든 인류의 생존 비결이었다. 어떤 상황에서도 빛나는 상상력의 동아줄을 놓지 않는 것이 절망 속에서도 희망을 발견해 내는 인간의 힘이었으니까. 문학은 그런 의미에서 우리 모두의 상상력이 살아 숨 쉬는 보물 창고다.

　인류의 문학사에서 가장 빈번히 나타나는 환상 중의 하나는 바로 육체의 한계를 뛰어넘는 존재들이다. 「서유기」의 손오공처럼 하늘을 마음껏 날아다니는 존재, 전우치나 홍길동처럼 '인간의 몸은 하나'라는 현실을 초월해 수십 개로 분열되는 존재, 구미호처럼 인간과 동물의 경계를 뛰어넘는 존재, 각종 유령과 귀신, 드라큘라나 좀비처럼 죽음과 삶의 경계를 뛰어넘는 존재. 이 모든 환상적 존재들은 삶은 하나고, 육체도 하나고, 인간은 다른 존재가 될 수 없고 오직 인간일 뿐이라는 현실적 전제를 뛰어넘는다. 이렇듯 문학 작품에서 환상은 우리 삶의 논리적 한계에 저항하는 중요한 역할을 한다.

　한편 문학 작품 속의 환상은 현실에 기초하면서도, 현실을 객관적인 사실과 조금 다른 각도에서 재배열한다. 예를 들어 스콧 피츠제럴드의 「벤자민 버튼의 시간은 거꾸로 간다」(1922)는 현실의 시간 감각을 살짝만 비틀어도 세계가 어떻게 환상적으로 바뀔 수 있는지를 보여 준다. 아기로 태어나 노인이 되어 가는 인생의 시계를 거꾸로 돌린다면, 인간의 삶은 어떻게 바뀔까? 인간은 왜 가장 행복한 순간에 가장 무기력한 시간을 향해 점점 쇠락해 가는 것일까?

　　벤자민은 자신이 갈수록 인생의 즐거운 측면에 점점 더 끌리게 되었음
　　을 깨달았다. 그가 볼티모어에서 처음으로 자동차를 소유하고 타고 다

닌 것도 즐거움을 추구하는 그의 열정이 점점 커가고 있음을 보여 주는 전형적인 예였다. 거리에서 그를 만나면 그 당시 사람들은 그가 건강과 생동감으로 만들어 내는 광경을 부러움을 가득 안고 바라보곤 했다.
"저 사람은 매년 젊어지는 것 같아." 사람들은 말하곤 했다.

─스콧 피츠제럴드, 「벤자민 버튼의 시간은 거꾸로 간다」에서

  벤자민 버튼은 일흔 살 노인으로 태어나 처음에는 괴물 취급을 받지만, 나이가 들면서 점점 젊어지는 마법을 보여 주며 인생의 정수(精髓)를 한껏 만끽한다. 마침내 벤자민은 인생의 마지막 순간에 그 모든 삶의 우여곡절을 망각한 순수한 아기가 되는 불가능한 축복을 누린다. 단지 시간의 순서가 바뀐다는 간단한 발상만으로 한 사람의 인생과 그가 바라보는 세계는 완전히 달라져 버린다. 벤자민은 나이가 들수록 오히려 인생에서 느끼는 기쁨의 밀도가 점점 높아지는 축복을 누리게 된 것이다.
  벤자민 버튼의 삶이 가장 순수한 아기의 기쁨에서 끝난다는 설정은 인생을 바라보는 독자의 시선 또한 달라지게 만든다. '나이가 들어 간다'는, 이 어쩔 수 없는 현실에서 벗어날 수만 있다면 인간의 삶은 얼마나 달라질까? 그러나 '점점 아기가 되어 간다'는 흥미로운 설정이 반드시 축복을 의미하지는 않는다. 그 모든 기쁨, 그 많은 추억마저도 서서히 잊어 간다는 것을 의미하기 때문이다. 이렇듯 벤자민 버튼의 '거꾸로 가는 시간'이라는 환상은 독자를 '시

간이란 무엇인가'에 대한 더 깊은 성찰로 이끈다. 환상은 단지 현실을 부정하는 것이 아니라, 현실을 전혀 다른 시각으로 바라보는 사유의 모험으로 우리를 초대한다.

환상, 만족을 향한 무한질주

환상은 만족을 향한 인간의 끝없는 충동을 표현한다. 인간은 누구나 현실 속에서 자신의 모든 욕망을 충족할 수 없기에 환상 속에서 대리 만족을 추구한다. 현실에 결코 안주할 수 없는 인간의 욕망은 「피터 팬」(1904)처럼 무한한 만족을 추구하는 유토피아적 환상을 창조하기도 하고, 「프랑켄슈타인」(1818)처럼 끔찍하지만 결코 부정할 수 없는 인간의 디스토피아적 환상을 창조하기도 한다.

브램 스토커의 「드라큘라」(1897)는 인간이 창조해 낸 환상의 극단을 보여 주는 작품이다. 영원한 생명을 향한 환상, 죽음과 삶을 뛰어넘는 존재에 대한 갈망, 동물과 인간의 특징을 모두 지닌 흡혈귀의 존재, 공포와 매혹을 동시에 보여 주는 드라큘라의 캐릭터, 드라큘라를 두려워하면서도 그에게 매혹되는 여인들. 이 모든 것은 수없이 소설이나 영화를 통해 반복적으로 재탄생한 드라큘라의 판타지가 지닌 변함없는 매력이다. 아무리 타인의 피를 빨아 먹어도 영원히 목마름에서 벗어날 수 없는 고통스러운 이미지를 통해, 흡혈귀 캐릭터는 만족을 모르는 인간의 멈출 수 없는 욕망을 보여 준다.

본래 인간이었지만 드라큘라의 습격으로 흡혈귀가 되어 버린 루시의 모습은 인간과 괴물 사이, 삶과 죽음 사이의 날카로운 경계를 소름 끼치도록 생생하게 보여 준다. 죽은 줄로만 알았던 루시는 밤마다 흡혈귀가 되어 살아 있는 인간의 피를 탐하고 있었던 것이다.

> 루시가 우리를 보더니 불시에 공격당한 고양이처럼 성난 소리로 으르렁거리며 뒤로 물러섰다. 이어 그녀의 눈동자가 우리를 훑었다. 형태와 색은 루시의 눈이었으나, 우리가 아는 순수하고 상냥한 눈동자가 아니라 지옥의 불꽃이 가득 찬 탁한 눈동자였다. 그 순간 내게 남았던 사랑은 증오와 혐오로 변해 버렸다. (……) 우리를 바라보는 그녀의 눈동자는 부정한 빛으로 타올랐고, 얼굴에는 관능적인 미소가 소용돌이쳤다. 아, 신이시여, 그것을 보고 나는 얼마나 몸을 떨었는지! 그녀는 지금까지 꼭 끌어안고 있던 아이를 악마처럼 차갑게 땅바닥으로 내동댕이쳤다. 아이가 날카로운 비명을 지르더니 신음하며 꿈틀거렸다.
>
> ─브램 스토커, 『드라큘라』에서

그저 객관적으로 증명 가능한 사실만을 재현하는 것이 문학이라면 우리는 「이상한 나라의 앨리스」, 「피터 팬」, 「서유기」, 「드라큘라」, 「프랑켄슈타인」, 「지킬 박사와 하이드」, 「반지의 제왕」 같은 기념비적인 환상 문학이 선물하는 축복을 누릴 수 없었을 것이다. 환상 문학 속에는 객관적 사실의 잣대만으로는 규명할 수 없는, 세계의 진실을 그려 내려는 인간의 꿈이 담겨 있다. 환상성은 있지도 않은 현실을 억지로 꾸며 내려는 조작의 의지가 아니다. 환상은 현실에서 잉태되지만 현실을 뛰어넘는다. 또한 현실의 각종 제약 조건이 은폐하는 인간의 숨은 진실을 드러내 주기도 한다.

  차마 말할 수 없는 것과 쉽게 보이지 않는 것으로 가득한 세상 속에서 환상은 보이지 않는 것을 보이게 만드는 문학의 마법이다. 환상은 말하자면 외부 세계에서는 '허구'지만 우리 마음속에 엄연히 실재하는 '진실'이다. 문학에서 환상성은 보이지 않는 것을 보이는 것으로 만드는 것이며, 말해질 수 없는 것을 말할 수 있는 것으로 바꾸는 힘이 된다.

  환상은 현실로부터의 생산적 도피이기도 하다. 환상이 없다면 우리는 현실로부터 도피할 수 있는 마음의 안식처를 가질 수 없기 때문이다. 「빨강머리 앤」(1908)에서 친구 한 명 없던 앤이 책장 유리에 비친 자신을 '캐리'라고 부르며 세상에서 가장 소중한 존재로 여겼듯이, 환상은 현실의 강을 뛰어넘는 인간의 무기가 된다.

  그러나 환상은 무조건적으로 현실 도피를 의미하지는 않는다. 그것은 역사와 현실에 기초하는 인간의 상상력이기도 하다. 엄격한 신분 사회의 질서가 「홍길동전」을 만들었고, 체면과 이미지를 중시하는 도시인의 생활 패턴이 「지킬 박사와 하이드」를 탄생시켰듯이, 현실이 없다면 환상도 없다. 이렇듯 환상은 천상에서 지상으로 내려오는 관념이 아니라 지상에서 천상으로 올라가는 구체적 삶의 승화물이다. 인간의 머릿속에 형성된 환상은 물질적 조건에 구속되어 있는, 인간의 구체적 삶의 승화물들인 것이다.

피터 팬이 원래부터 네버랜드(Neverland) 출신의 아이가 아니라 평범한 아이였다는 사실을 기억하는가? 피터 팬은 태어나자마자 엄마 아빠의 대화를 들었는데, 이때 '우리 아이를 어떻게 키워야 하는지, 우리 아이가 커서 무엇이 되었으면 좋겠는지' 이야기하는 부모의 이기심을 엿보고 엄청난 충격을 받는다. 피터 팬은 '난 결코 엄마 아빠가 생각하는 그런 어른이 되지 않을 거야'라는 일념으로 가출한다. 피터가 현실을 떠나 네버랜드로 간 것은 바로 현실에 대한 저항의 의지 때문이다. 이는 우리가 현실로부터 해방되어 유토피아를 꿈꾸는 이유와 비슷하다. 고통스러운 현실은 아름다운 환상을 낳는 모태인 셈이다.

"웬디, 난 태어나자마자 곧바로 도망쳐 왔어." (……) "내가 도망친 건 아빠 엄마의 이야기를 들었기 때문이야."

피터는 나지막이 말했다. "아빠 엄마는 내가 어른이 되면 어떤 사람이 될지 이야기하고 계셨지." 피터는 목소리가 유별나게 들떠 있었다. "난 어른이 되기는 죽어도 싫어." 피터는 격앙된 목소리로 말했다. "난 평생 어린 소년으로 남아서 재밌게 놀고 싶단 말이야. 그래서 난 켄싱턴 공원으로 도망쳤고 그곳에서 요정들과 오래오래 살게 된 거야."

―제임스 매튜 베리, 『피터 팬』에서

사실을 재현한다는 또 하나의 환상을 넘어

> 스크루지는 유령을 힐끗 쳐다보았다. 유령의 손이 꼿꼿하게 머리 쪽을 가리켰다. 홑이불은 아무렇게나 덮여 있어서 스크루지가 손가락으로 까딱해서 살짝 들어올리기만 해도 얼굴이 드러날 것 같았다. (……) 스크루지는 생각했다. 만일 이 남자가 지금 일어날 수만 있다면 가장 먼저 어떤 생각을 할까? 탐욕을 부리고 야박하게 흥정을 벌이고 근심에 휩싸일까? 아니 이 부유한 남자가 이런 종말을 맞게 된 이유가 바로 그 때문이 아니던가!
>
> (……) "유령 님! 이곳은 무섭습니다. 여기를 떠나더라도 절대 이 교훈은 잊지 않겠습니다. 제 말을 믿어주시고, 어서 여길 떠나요!"
>
> ─찰스 디킨스, 『크리스마스 캐럴』에서

「크리스마스 캐럴」(1843)의 주인공 스크루지가 유령의 안내를 받아 미래의 자신의 시체를 바라보는 장면이다. 모두가 흥청망청 돈을 써 대며 기뻐하는 크리스마스를 증오하던 구두쇠 영감 스크루지. 그는 유령이라는 환상적 존재 덕분에 인생관이 통째로 바뀌는 경험을 하게 된다. 유령의 출현이 없었다면, 그는 평생 남을 위해 돈을 씀으로써 사랑과 축복을 실천하는 인간의 소박한 기쁨을 깨닫지 못했을 것이다. 유령을 통해 자신의 비참한 최후를 확인하고 나서야 스크루지는 평생 내 것, 내 재산에만 집착한 자신의 삶의 과

오를 깨닫는다.

　아무도 돌봐 주지 않고, 아무도 울어 주지 않는, 쓸쓸하고 비참한 죽음. 유령은 평생 '내 것'만 챙기느라 어떤 아름다운 관계도 만들지 못한 스크루지의 미래를 미리 보여 준다. 유령이라는 환상적 존재가 한 인간의 경제관은 물론 세계관을 극적으로 변화시킨 것이다. 자신이 가진 것을 아낌없이 베푸는 사람만이 느낄 수 있는 해방의 자유를 스크루지는 유령이라는 환상을 통해 배운다.

　한편 오스카 와일드의 「도리언 그레이의 초상」(1891)은 분열된 자아의 충격적인 모습을 환상적으로 묘사하는 글쓰기를 통해, 우리의 자아가 본래 하나로 고정될 수 없다는 사실을 증명한다. 아름다운 외모로 모두의 주목을 받는 청년 도리언 그레이는 어느 날 자신의 미모가 영원히 지속될 수 없다는 사실을 깨닫고 절망한다. 그러던 중 그의 미모에 완전히 사로잡힌 화가가 도리언 그레이의 초상화를 그리고, 그날부터 도리언 그레이에게는 믿을 수 없는 일이 일어나기 시작한다. 바로 살아 있는 도리언의 모습은 마치 방부 처리를 한 듯 조금도 변함이 없고, 초상화 속의 도리언은 점점 늙어가고 흉측해지는 현상이 일어난 것이다.

　자신을 꼭 닮은 분신 같은 초상화가 자신의 진짜 삶을 대신하고, 도리언 그레이의 살아 있는 몸은 영원히 변하지 않을 것만 같은 환상적 존재가 된다. 그러나 이 환상은 오히려 도리언의 진짜 삶을 좀먹는다. 영원히 젊음을 유지할 수 있다는 환상에 사로잡힌 도리언은 자신의 완벽한 아름다움을 믿으며 온갖 사람들에게 상처를 주고, 결국 자신의 약혼녀마저 죽음에 이르게 한다. 마치 '네가 사람들의 눈을 피해 저지른 모든 일들을 나는 속속들이 알고 있다'는 표정으로 점점 더 사악하고 흉측하게 변해 가는 초상화의 모습이 오히려 도리언의 현실을 대변하고 있었던 것이다. 이렇듯 도리언 그레이의 초상은 '분신'에 대한 인간의 오랜 환상을 일깨운다.

문학 속 환상의 힘

어른들도 열광하는 루이스 캐럴의 동화 「이상한 나라의 앨리스」는 판타지 문학이 구현할 수 있는 최대치를 보여 준다. 아마 그의 상상력을 자극한 것은 평범한 정원을 이리저리 오가는, 지극히 평범한 산책이었을 것이다. 우리가 마음의 눈을 살짝 뜨기만 하면 볼 수 있는 자연의 크고 작은 놀라움들 속에서 앨리스의 친구들은 탄생했다. 담배 피우는 벌레, 모자 장수 토끼, 가발 쓴 두꺼비, 앨리스의 몸을 커지게도 했다가 작아지게도 하는 약병과 케이크, 너무 많이 울어서 자신이 만든 눈물의 연못 속에 빠지는 사건……. 이 모두는 우리 마음속에서 한 번쯤은 상상해 볼 수 있는 정상적인, 너무나 정상적인 판타지가 아닐까? 그저 마음속으로만 상상하는 것과 글로 쓰는 것의 차이는 크다. 자신의 상상을 끝까지 밀어붙일 수 있는 뚝심이야말로 작가 루이스 캐럴의 재능이다. 루이스 캐럴은 자신이 사랑하고 아끼는 한 소녀에게 들려 주기 위해 이 이야기를 만들었다고 한다. 소중한 사람을 향한 사랑이 있었기에 이토록 멋진 판타지가 가능했던 것이 아닐까?

「이상한 나라의 앨리스」의 원동력은 아주 평범하고 상투적으로 보이는 일상의 풍경 속에서 기적을 발견해 내는 상상력이다. 아무렇지도 않은 일상 속에서 기적을 발견해 내는 힘, 그것이 바로 문학 속 판타지의 힘이다. 그러나 모든 환상이 우리에게 유익한 것은 아니다. 상상은 우리를 자유롭게 한다. 그러나 상상은 우리를 무한한 고통 속으로 초대하기도 한다. 환상은 환상을 재창조하는 문학의 윤리가 함께할 때 아름다워진다. '얼마나 재미있는 환상을 창조할 것인가'보다 그 환상의 힘으로 '무엇을 할 것인가'가 더 중요하다. 환상의 힘이 센 만큼, 우리는 환상을 다룰 때 조심해야 한다. 환상의 힘이 압도적일수록, 우리는 더욱더 섬세한 손길로 우리의 환상을 매만지고 가꾸고 다듬어야 한다.

견딜 수 없는
슬픔의 역할

트라우마, 위대한 유산

상처의 양분으로 자라나는 이야기의 힘

상처에 대응하는 방식에 따라 인생이 달라지곤 한다. 상처에 대한 원한과 분노로 평생 과거에 붙박여 살아가는 사람이 있는가 하면, 상처 자체를 쉽게 잊어버려 아무런 삶의 동력으로 삼지 못하는 무감한 사람도 있고, 상처에 지지 않고 오히려 상처를 통해 힘겹게 삶의 진실을 배우려 노력하는 사람도 있다. 치유하기 어려운 정신적 외상을 '트라우마(trauma)'라고 하는데, 트라우마의 가장 흔한 원인은 바로 '상실'이다. 나에게 소중한 무언가를 잃어버렸다는 것을 깨닫는 순간이야말로 인간이 가장 큰 스트레스를 받는 순간이다. 내면의 상처가 제때 아물지 못하고 마음속에서 곪아 갈 때 사람들은 흔히 '나 우울증 아닐까' 하는 의심을 하게 된다.

프로이트는 우울증의 원인을 다음과 같이 분석한다. 살아가다 보면 우리는 크고 작은 상실을 경험하게 되는데, 슬픔에 빠진 자아는 '대상의 상실'을 '존재 자체의 상실'로 착각하게 되는 데서 우울증이 발생한다는 것이다.

특히 가족이나 연인을 비롯한 가장 가까운 이들의 죽음은 단지 그 사람만이 아니라 '나 자신'을 송두리째 잃어버린 것만 같은 슬픔을 불러일으킨다. 이런 견딜 수 없는 상처 앞에서 현대인은 슬픔을 참고 견디며 망각하는 일에 집중하곤 한다. 어떻게 하면 상처를 치유할까를 고민하기보다 어떻게 하면 '안 아픈 척'할까를 고민하게 된다.

그러나 상처받은 사람에게 정말 필요한 일은 슬퍼도 슬프지 않은 척한다거나, 슬픔 같은 것은 '생활'에 도움에 되지 않으므로 잊어버리는 것이 아니라, 더욱 '잘 슬퍼하는 법'을 터득하는 것이다. 슬픔에 빠진 사람에게 절실한 것은 일시적 위로나 과학적 진단이 아니라 슬픔의 원인을 제대로 파악하고 그 슬픔의 맨얼굴과 진심으로 대면하는 것이다. 프로이트는 견딜 수 없는 슬픔을 제대로 슬퍼하는 법을 일컬어 '애도'라 불렀다.

처음에는 충격이 너무 커서 슬픔조차 인식하지 못했다가, 오랜 시간이 지나서야 자신이 얼마나 소중한 것을 잃어버렸는지 깨닫는 경우도 있다. 이것은 감정의 일시적인 '마비' 상태로, 슬프지 않은 것이 아니라 슬픔조차 느끼지 못할 정도로 커다란 충격을 받은 상태다. 슬픔을 겪어도 '안 슬픈 척' 쿨 하게 포커페이스(poker face)를 가장하는 것이 바람직한 것은 아니다. 슬픔을 보다 잘, 지혜롭게 슬퍼하는 것이 우리 삶에는 훨씬 커다란 도움이 된다.

문학 작품에는 이렇듯 제대로 슬퍼하는 법을 깨달아 가는 인물들의 감동적인 라이프스토리가 펼쳐지곤 한다. 상처가 없다면, 문학은 얼마나 황량한 사막처럼 건조해질까. 인간이 상처에 '아파하는 법'을 몰랐다면, 문학은 존재하지 않았을지도 모른다. 문학은 인류가 입었던 수많은 상처의 박물관이다. 또한 문학은 인류가 입었던 수많은 상처의 치료법이 숨겨진 지혜의 보물 창고다.

그럼 이제 인간이 입은 수많은 상처의 자양분을 먹고 자라난 풍요로운 문학의 숲으로 떠나보자.

상처를 '글로 쓴다'는 행위의 힘

유리(琉璃)에 차고 슬픈 것이 어린거린다.
열없이 붙어서서 입김을 흐리우니
길들은양 언날개를 파다거린다.
지우고 보고 지우고 보아도
새까만 밤이 밀려나가고 밀려와 부딪치고,

물먹은 별이, 반짝, 보석(寶石)처럼 백힌다.

밤에 홀로 유리를 닦는 것은

외로운 황홀한 심사이어니,

고운 폐혈관(肺血管)이 찢어진 채로

아아, 늬는 산(山)ㅅ새처럼 날러갔구나!

— 정지용, 「유리창 1」

정지용의 「유리창 1」(1930)은 폐병으로 세상을 떠난 어린 자식을 그리워하는 시적 화자의 마음을 생생한 '유리창'의 이미지로 형상화한다. 남들이 보기에 그저 평범한 유리창이지만, 매일 보는 유리창이 시적 화자에게는 죽은 아이를 만날 수 있는 유일한 미디어다. 유리에 '차고 슬픈 것'이 어른거린다고 느낄 수 있는 것, '물먹은 별이, 반짝, 보석처럼 백힌다'고 느낄 수 있는 것. 이것은 자식을 잃은 슬픔으로 눈이 멀어가는 아비에게는 온 세상이 슬픔의 강물로 보이기 때문일지도 모른다. 이제 다시는 만날 수 없는 자식을 상상 속에서라도 만날 수 있는 유일한 매개체, 유리창. 시적 화자는 그 고운 폐혈관이 찢어진 채로 그토록 고통스럽게 죽어 간 아이에 대한 미안함과 상실감이 결코 치유될 수 없음을 알고 있다. 다만 아이가 '산새'처럼 저 높은 곳으로 날아갔다는 상상을 품어봄으로써 아이의 부활과 승천을 기원할 수 있는 것이다.

인간이 수많은 추모시와 기념비를 만드는 이유는 한결같이 대상의 상실을 '애도'하기 위한 것이다. 하지만 이 시처럼 상실의 트라우마를 아름답게 형상화한 작품을 만나기는 쉽지 않다. 독자는 자신이 겪은 상실의 체험을 굳이 대입해 보지 않더라도, 이 아버지의 고통을 너무도 생생하게 실감할 수 있다. 이렇듯 애도는 상실을 대체하는 가시적인 기념비를 세우는 것이 아니라, 그 무엇으로도 잃어버린 대상을 대신할 수 없음을 온몸으로 깨닫는 행위다. 상실을 '덜' 슬퍼하기 위해 애도를 하는 것이 아니라, 상실을 '더 잘' 슬퍼하기 위해 인간은 애도라는 행위를 발명한 것이 아닐까? 그가 떠나도 내 사랑은 변치 않음을 깨닫기 위해.

이렇게 소중한 대상을 잃은 슬픔은 아름다운 문학 작품으로 승화되곤 한다. 이 시는 극복할 수도 없고, 재현할 수도 없을 것만 같은 깊은 상처를 '문학'으로 번역한다는 일의 아름다움을 보여 준다. 상처의 자양분을 먹고 자란 문학의 숲을 거닐다 보면, 어느새 나 자신의 상처도 치유되어 가는 것을 느낄 수 있다. 문학은 인간의 가슴에 새겨진 상처의 눈물과 피를 먹고 자라나는 영혼의 원시림이다.

찰스 디킨스의 「위대한 유산」(1861)은 어린 시절의 참혹한 궁핍과 내면의 상처를 안은 채 살아왔던 핍의 성장 과정을 드라마틱하게 보여 준다. 찰스 디킨스의 부모는 어린 아들을 초등 교육도 제대로 시키지 않은 채 생존의 현장으로 밀어 넣었는데, 이 시절의 뼈아픈 상처가 디킨스의 작품 곳곳에 반영되어 있다. 디킨스의 소설에는 가정을 책임지지 못하는 아버지들, 빚을 진 채 감옥 생활을 하는 채무자들, 어린 시절의 꿈과 희망을 박탈당한 어린이들이 자주 등장한다. 이것 또한 어린 시절부터 공장 노동자로 일하며 교육과 문화의 혜택을 받지 못했던 디킨스의 트라우마와 무관하지 않다. 「올리버 트위스트」(1837)나 「크리스마스 캐럴」 같은 작품을 통해 찰스 디킨스는 부(富)의 편중, 어린이들의 가혹한 생존 조건, 아동 학대 등을 생생하게 묘사함으로써 전 세계 독자들에게 커다란 반향을 불러일으켰다. 이렇게 문학은 '나의 상처'를 '세계의 상처'로 확장시키고, '개인의 고통'을 '사회적 고통'으로 공감하게 만드는 힘을 지니고 있다.

상처, 문학으로 승화되다

한편 한 사람의 마음속 상처가 공동체 전체의 집단적 상처와 연관될 수도 있다. 전쟁이나 대형 참사 같은 커다란 사건뿐 아니라 대공황이나 대량 실업 같은 특정한 상황도 집단적 트라우마를 불러일으킨다. 이런 집단적 트라우마는 개인의 치유라는 문제를 넘어서 사회 전체의 이해와 관심, 지속적인 문제해결의 의지를 필요로 한다. 특히 공동체의 상처가 단지 개인의 상처로 고립되었을 때 심각한 문제가 발생한다. 나는 여전히 아프고 괴로운데, 이 사회는 나의 고통을 완전히 잊어버린 듯한 고립감. 사람들은 모두 그때 그 사건을 잊었지만, 오직 나만이 잊지 못하고 괴로워하는 듯한 소외감. 트라우마 자체의 진단이나 분석보다도 트라우마 '이후'의 문제가 더 중요한 순간이다. 공동체의 상처를 문학 작품으로 공유함으로써, 개인의 트라우마는 공동체의 트라우마와 소통할 수 있게 된다. 문학을 통해 상처를 공유하는 일은 상처 자체를 완전히 '사라지게' 할 수는 없지만, 상처를 조금씩 치유할 수 있는 소중한 실마리가 된다. 한국전쟁, 광주민중항쟁뿐 아니라 식민지 시대의 집단적 트라우마는 아직도 우리 사회에 깊은 영향을 끼치고 있다.

트라우마의 가장 큰 맹점은 그 상처를 겪은 이의 시간을 멈추게 한다는 점이다. 영원히 과거의 상처에 붙박인 인간, 원한과 분노에 사로잡힌 인간이 되는 것이 트라우마의 가장 끔찍한 결과다. 트라우마의 또 한 가지 맹점은 부정적인 모든 결과를 트라우마 '탓'으로 돌리는 환원주의다. 상처는 우리 삶에 결정적인 영향을 미칠 수도 있지만, 삶을 움직이는 동력이 오직 상처뿐이라면 그 삶은 황폐해질 수밖에 없다. 상처를 극복하는 길은 무조건적인 '망각'이 아니라 상처를 새로운 삶의 에너지로 승화시키고, 상처의 본질을 이해하고 긍정하는 길이다.

박완서의 「나목」(1970)에 등장하는 인물들은 저마다 전쟁으로 받은 상처를 제대로 치유하지 못해 고통받는다. 특히 이경의 어머니는 전쟁 중에 아들을 둘이나 잃은 상처를 극복하지 못해, 그것을 어린 딸에게 투사하는 오류를 범하고 만다. 전쟁 통에 아들을 잃은 어머니는 그 후 삶에 대한 의욕을 잃고 매일매일 '되돌릴 수 없는 과

거'를 반복하며 살아간다. 그녀의 삶은 완전히 정지되어, 더 이상 어떤 희망도 의지도 발휘할 수 없게 되어 버린 것이다. "어쩌면 하늘도 무심하시지, 아들들은 몽땅 잡아가시고 계집애만 남겨놓셨노"라는 어머니의 충격적인 푸념은 주인공 이경에게 엄청난 트라우마로 작용한다. 이경은 오빠들은 죽고 자신만 살아남았다는 죄책감 때문에 괴로워하고, 그 트라우마가 평생 그녀를 그림자처럼 따라다닐까 봐 두려워한다.

미군 초상화부에서 근무하던 이경은 생업을 위해 어쩔 수 없이 초상화를 그리는 화가 옥희도를 만나게 되고 그에게 사랑을 느낀다. 옥희도는 가난하고 불우한 생활을 하지만 마음속에 예술을 향한 열정을 잃지 않는다. 그런 그의 순수와 사람의 진실을 꿰뚫어 보는 그의 혜안이 이경의 마음을 편안하게 한다. 내 상처를 '알아봐 주는 사람', 그리고 내 상처의 원인을 진정으로 이해해 주는 사람이 있다는 사실만으로도 상처는 반 이상 치유된다. 그리고 이경의 마음에 다른 사람이 있다는 것을 알면서도 그녀를 변함없이 사랑하여 마침내 결혼하게 되는 태수의 사랑 또한 이경의 상처를 치유하는 데 중요한 원동력이 된다. 일상을 지속할 수 있는 것, 생활인으로서 안정감을 얻는 것이야말로 상처를 치유하는 데 커다란 힘이 되는 것이다.

이경은 사랑을 이룰 수는 없었지만 이룰 수 없는 사랑 때문에 더 많은 것을 배운다. 환부가 정확히 어딘지 모르는 상태에서 겪는 아품은 더 클 수밖에 없다. 자신이 도대체 어디가 아픈지를 모른 채 하루하루 시름하던 이경. 어머니와 오빠들의 상처로부터 자유로워지라는 옥희도의 진심어린 충고로 이경의 상처는 더욱 선명하게 제 모습을 드러낸다. 이경은 자신의 어떤 환부를 치유해야 할지, 어디서부터 인생을 다시 시작해야 할지를 서서히 깨닫는다.

박완서의 「나목」은 상처 자체보다 중요한 것은 상처를 바라보는 '시선'이라는 점을 생생하게 증명한다. 전쟁 통에 두 오빠를 잃은 고통과 사랑하는 사람과 함께할 수 없는 슬픔을 안고 살아가던 이경. 그녀의 눈에 옥희도의 그림은 '고목', 즉 말라 죽은 나무, 더 이상 새로운 열매를 맺을 수 없는 절망과 침묵의 상징으로 보였다. 그러나 오랜 시간이 흘러 옥희도가 저 세상으로 떠나고, 그녀는 두 아이의 엄마가 되어 어엿한 가정을 꾸리며 옛 상처를 극복해 간다. 그러자 생명의 과정이 이미 끝나 버린 것처럼 보였던 '고목'은 봄을 기다리며 겨울의 추위를 맨몸으로 이겨내고 있는 '나목'으로 탈바꿈하게 된다. 수십 년 만에 다시 만난 옥희도의 그림은 변함없이 똑같은 이미지였지만, 그 그림을 바라보는 '시선'이 변하자 그림은 새로운 해석의 입김을 받아 아름다운 작품으로 부활한다. 잎도 없고 열매도 없어 '죽은 고목'으로 보였던 나무가 아름다운 잎사귀와 열매를 피워 올릴 꿋꿋한 '나목'으로 거듭난 것이다. 이 아름다운 나무가 박수근의 실제 그림을 모델로 한 것으로 알려지면서 박완서의 데뷔작 「나목」은 더 큰 화제가 되기도 했다.

견딜 수 없는 고통에 직면하게 되더라도, 그 아픔을 제대로 '이야기'할 수만 있다면 그 자체로 충분히 위로가 되는 경우가 많다. 고통의 원인 자체는 당장 제거될 수 없을지라도, 고통을 함께 공감할 수 있는 타인이 있다는 것만으로 인간은 커다란 용기를 얻기 때문이다. 고통은 개인의 육체에서 시작된다. 문학을 통해 이 고독한 개인의 고통은 사회적 공감의 촉매가 될 수 있다. 우리는 그렇게 문학을 통해 '나의 상처'를 넘어 '세상의 상처'와 교신할 수 있는 자유를 얻는다.

개인의 트라우마 자체는 무기도 재산도 될 수 없다. 하지만 '이야기'의 옷을 입을 때, 트라우마는 개인의 상처와 공동체의 상처가 만나는 아름다운 축제의 장소로 탈바꿈할 수 있다. 트라우마는 한 사람의 인생을 뒤흔드는 치명적인 상처가 될 수 있다. 하지만 아름다운 문학 작품으로 승화하는 순간, 트라우마야말로 '기적이 일어나는 장소'가 될 수 있지 않을까.

영웅은 왜
과도한 시련을 겪는가?
―
알을 깨는 통과의례

요람에서 무덤까지, 인생의 통과의례를 엿보다

「삼국지」의 유비, 관우, 조조, 제갈량과 「그리스 신화」에 등장하는 올림포스의 12신들, 그리고 한국의 고전에 등장하는 주몽, 바리, 홍길동 등의 공통점은 무엇일까? 그것은 바로 이들이 인류의 오랜 꿈을 실현하는 영웅 신화의 주인공들이라는 점이다. 슈퍼맨, 아이언맨, 스파이더맨 등도 물론 '영웅' 하면 떠오르는 대표적 이미지를 갖추고 있지만, 영화에서 강조하는 '초인적인 능력'만이 영웅의 필수조건은 아니다. 우리의 마음을 더욱 오래, 더욱 깊게 감동시키는 영웅들, 우리의 삶에 매번 새로운 영감을 던져 주는 영웅들이 가진 공통점은, 나와는 아무 상관없어 보이는 '타인의 삶'에 참여하는 그들의 용기, 그리고 누구보다 힘겨운 통과의례를 겪어 낸 그들의 끈기와 열정이다.

감당하기 어려운 시련을 극복해야 진정한 영웅이 된다. 주몽은 태어날 때부터 목숨의 위협을 받고, 그리스 신화 속의 테세우스는 아버지의 손에 죽을 뻔하며, 바리공주는 태어날 때부터 버려져 고아 아닌 고아의 삶을 살아간다. 그런데 영웅들은 자신들에게 주어진 고난에 불만을 품거나 자신을 괴롭히는 자들에게 복수하기보다는, 그 와중에도 '운명적 사명'을 발견하고, 그 길을 따라 묵묵히 걸어간다. 전 세계의 신화를 수집하고 비교 연구했던 신화학자 조지프 캠벨(Joseph Campbell)은 이런 영웅의 여정을 '통과의례'의 관점에서 설명한다.

조지프 캠벨의 관점에서 본다면, 바리공주가 갖은 고난을 뚫고 자신을 버린 아버지의 병을 치유하기 위해 삶과 죽음의 경계를 넘나드는 것, 인간 프시케가 신의 아들 에로스와 사랑을 이루기 위해 목숨을 걸고 아프로디테의 임무를 수행하는 것, 인간과 신 사이에서 태어난 헤라클레스가 헤라의 인정을 받고 '신'의 반열에 오르기 위해 수많은 미션을 통과하는 과정은 같은 일이다. 통과의례는 태어날 때부터 영웅인 존재들만의 특별한 사명이 아니라 누구에게나 주어지는 삶의 기회이며, 그 무시무시한 통과의례를 성공적으로 통과한다면 누구든 '영웅'이 될 수 있다. 그리하여 영웅의 본질은 그가 얼마나 유명한가, 그가 얼마나 성공했는가가 아니라, 그가 얼마나 자신에게 주어진 운명적 사명에 충실했는가, 그가 얼마나 타인의 고통에 깊숙이 관여하여 다른 존재를 구원해 내는가에 있다.

조지프 캠벨은 통과의례를 '우리 안의 더 깊은 힘을 찾아내는 기회'라고 본다. 삶의 고통과 잔인함까지도, 견디기 힘든 그 모든 것에 대해서도 '예'라고 말할 수 있게 된 후에 우리는 비로소 존재하게 된다. 나와 전혀 상관없어 보이는 일에 몸을 던지는 용기, 타인의 고통을 향한 조건 없는 자비야말로 영웅의 제1요건이다. 그리고 이러한 영웅의 여정은 항상 누군가의 '부름'으로 시작된다. 영웅에게 신성한 사명을 알려 주는 존재는 전령관 혹은 고지자로 불린다. 신의 메신저인 이들은 영웅에게 너는 그저 편안하게 살아서는 안 되며 반드시 모험을 떠나야 한다고, 너 자신의 운명을 넘어서는 위험천만한 여정을 시작해야 한다고 부추긴다. 영웅들의 특징은 하나같이 처음에는 이 운명을 '거부'하다가, 마침내는 그 운명을 수용한다는 것이다. 「반지의 제왕」의 프로도처럼, 〈센과 치히로의 행방불명〉의 치히로처럼 말이다.

영웅의 여정은 항상 부름으로 시작된다. 인도자는 이런저런 방식으로 다음과 같이 말한다. "보아라. 너는 지금 '잠든 땅'에 있다. 깨어나라. 여행을 떠나라. 저곳에 너의 의식의, 또한 너의 존재의 온전한 측면이 있건만, 아직 한 번도 손댄 적이 없었다. 그러니 너는 여기서 그냥 머물 것이냐?"(……) 그렇게 해서 여정이 시작된다. 모험에의 소명(부름)을 알리는 전령관 혹은 고지자는 어둡고, 징그럽고, 무섭고, 세상의 버림을 받은 존재인 것이 보통이다. 그러나 이 소명에 따르면, 낮의 장벽을 통과해 보석이 빛나는 밤으로 가는 길이 열린다. 부름은 곧 어떤 사회적 지위로부터 떠나라는, 즉 여러분 자신의 외로움 속으로 들어가 보석을 찾으라는, 즉 여러분이 사회적으로 속박되어 있을 때에는 찾기가 불가능한 것을 찾으라는 것이다. (……) 영웅이 뭔가를 잃어버렸다고 생각하고, 그걸 찾으러 갈 때, 그게 바로 출발인 것이다. 여러분은 문턱을 넘어 새로운 삶으로 나아간다.

―조지프 캠벨, 『신화와 인생』에서

'자기'와의 싸움 — 영웅의 마지막 관문

단풍 든 숲속에 두 갈래 길이 있더군요,
몸이 하나니 두 길을 다 가 볼 수는 없어
나는 서운한 마음으로 한참 서서
잣나무 숲속으로 접어든 한쪽 길을
끝 간 데까지 바라보았습니다.
(……)
오랜 세월이 흐른 다음
나는 한숨 지으며 이야기하겠지요.

〈두 갈래 길이 숲속으로 나 있었다, 그래서 나는 ―

사람이 덜 밟은 길을 택했고,

그것이 내 운명을 바꾸어 놓았다〉라고.

— 프로스트, 「걸어 보지 못한 길」에서

    만약 모두가 이미 거쳐 간 길, 모두가 '맞다'고 생각하는 길을 답습한다면 영웅의 여정은 성공할 수 없다. 만약 누군가가 이미 걸어간 길을 똑같이 따라간다면, 우리는 자신의 잠재력을 깨닫지 못할 것이다. 영웅은 쉬운 길로 가고 싶은 욕망, 빨리 이 힘겨운 여정을 끝내고 싶은 욕망과 싸워야 한다. 영웅의 진짜 '적'은 자신의 내부에 있다. 이런 자신과의 힘겨운 전투는 동서양 신화에서 흔히 '용과의 싸움', '괴물과의 대격전'으로 나타난다. 공주를 지키고 있는 커다란 용과 혈투를 벌이는 왕자들, 괴물의 희생 제물로 바쳐지기 직전의 아리따운 여인을 죽음 직전에 구출해 내는 기사들의 이야기는 영웅 신화의 단골 모티프다.

    이런 이야기에서 단골로 등장하는 '용'은 우리 자신의 무의식에 숨은 '내부의 적'을 상징한다. 용이나 괴물의 고집스런 행태, 무서운 외모, 위압적인 행동은 바로 '너는 결코 이것을 해낼 수 없을 것이다'라는 자기 부정의 논리를 의미한다. '난 어차피 안 될 거야, 해 봐야 아무 소용도 없을 거야.' 이런 식의 자신 없는 태도야말로 우리 안의 '용'이고 반드시 싸워 이겨야 할 '괴물'이다. 이 싸움은 바로 나를 가두고 있는 것은 나 자신이며, 내가 극복해야 할 것도 나 자신임을 깨닫는 싸움이다.

> 심리학적으로 말하자면, 용은 다른 것이 아니라 자아에 속박된 '자기'입니다. 우리는 우리의 용 우리에 갇혀 있어요. 분석 심리학은 용을 처부수고 무너뜨림으로써 우리를 더 넓은 관계의 마당으로 이끌어 내는 것을 목표로 합니다. 궁극적인 용은 우리 안에 있어요. 우리를 엄중히 감시하고 있는 우리의 자아, 이게 바로 용입니다.
>
> —조셉 캠벨·빌 모이어스, 『신화의 힘』에서

위대한 '신화'의 주인공은 아니지만 어떤 남성 영웅들보다 용감하게 자신의 운명을 개척한 여인이 바로 평강공주가 아닐까. 평강공주에게는 한 나라의 공주로서 탄탄대로가 열려 있었다. 하지만 평강공주는 아버지의 분노를 뒤로한 채 궁을 떠나 누구도 예상하지 못한 '가지 않은 길'을 개척한다. 그녀는 장안의 제일가는 바보 온달에게 직접 가서 프러포즈한 뒤, 당황한 기색을 감추지 못하는 온달과 노모에게 자신이 훌륭한 아내이자 며느리가 될 것을 약속하고 실제로 이를 행한다. 평강공주는 아버지의 잘못된 부름("너 자꾸 울면 바보 온달에게 시집보내 버린다"는 협박)을 진정한 '미션'으로 받아들이고, 그녀의 꿈을 비웃는 모든 사람에게 온달의 영웅성을, 평강 자신의 운명과의 전투를 눈부시게 증명해 낸다.

그녀가 아버지의 농담을 그저 농담으로만 받아들였다면 우리는 그녀와 만날 수 없었을 것이다. 그녀가 공주의 안락한 삶에 만족했다면, 그저 평범한 공주들의 삶, 우아하고 편안한 삶의 주인공으로 끝났을 것이다. 평강공주는 여성의 삶이 단지 남성의 그림자가 아님을 증명했다. 그녀는 그 누구라도 적절한 도움과 현명한 멘토링을 받는다면 위대한 영웅이 될 수 있다는 것을 몸소 보여 주었다. 평강공주 콤플렉스는 평강공주를 매우 잘못 이해한 왜곡된 신조어다. 평강공주는 남편이나 애인을 성공가도로 이끌기 위해 자기를 포기하는 희생적 여인이 아니라, 주어진 운명에 저항하고 아무도 걷지 않은 길을 홀로 개척한 용감무쌍한 여인이었다.

> 방랑하는 시간은 긍정적인 시간이다. 새로운 것도 생각하지 말고, 성취도 생각하지 말고, 하여간 그와 비슷한 것은 절대 생각하지 마라. 그냥 이런 생각만 하라. "내가 어디에 가야 기분이 좋을까? 내가 뭘 해야 행복할까?" (……) 룰렛 공은 결코 '아, 여기 내려앉는 것보다는 차라리 저기 내려앉아야 사람들이 나를 더 좋아할 거야' 하고 생각하진 않는다. (……) '남들이 날 어떻게 생각할까?' 하는 생각을 치워 버려야 희열이 온다.
>
> ―조지프 캠벨, 『신화와 인생』에서

자비, 타인의 슬픔에 참여하는 용기

영웅의 능력은 단지 칼을 잘 쓴다거나 활을 잘 쏜다거나 비상한 두뇌를 이용하는 것에 그치지 않는다. 그런 능력은 누구나 개발할 수 있는 재능이며 교육이나 훈련을 통해서 도달할 수 있다. 진정 배우기 어려운 것, 진정 도달하기 어려운 '영웅성'은 바로 다른 사람의 슬픔을 마치 자기 자신의 것인 양 느끼고 고통받을 줄 아는 공감의 능력이다.

공감이란 곧 타인의 아픔과 거의 같은 수준의 아픔을 자발적으로 느낄 줄 아는 능력이다. 바리공주가 바로 그런 사람이었다. 바리는 자신을 버린 부모에 대한 원망을 넘어선다. 수많은 언니들 중 아무도 아버지의 병을 고치기 위해 나서지 않는 현실을 원망하지도 않는다. 그녀는 고아로 살아온 힘겨운 과거를 하소연하지도 않는다. 다만 묵묵히 아버지의 병을 고치기 위해서 '제가 할 수 있는 일'이 무엇인지를 묻는다.

바리공주가 삶과 죽음의 경계를 넘어 천신만고 끝에 아버지의 병을 고칠 수 있는 약초를 구해 오자, 태어나자마자 그녀를 버린 아버지는 '보답으로 무엇을 해 줄까'를 묻는다. 바리는 엄청난 보물도 대단한 벼슬도 모두 사양한다. 그녀는 삶과 죽음의 경계를 오가며 느꼈던 깨달음을 계속 실천할 수 있는 계기를 찾는다. 그녀는 그리스 신화의 헤르메스처럼, 죽은 자를 삶의 영역에서 죽음의 영역으로 안내하는 '길동무' 역할을 자임한다. 그렇게 그녀는 위대한 영웅이 된다. 세속적인 영광이나 성공이 아닌, 진정한 자기 인생의 미션을 스스로의 힘으로 발견해 내는 것이다. 만약 신화학자 조지프 캠벨이 이 이야기를 들었다면 '바리데기'야말로 진정한 영웅 신화의 주인공이라 예찬했을 것이다.

이렇듯 영웅의 영웅다움은 재능이나 신묘한 능력으로 검증되는 것이 아니라 다른 사람의 고통에 즉각적으로 참여하는 '공감'의 능력에서 나온다. 타인의 고통이 인간에게 어떻게 새로운 삶의 '영감'을 주게 될까? 쇼펜하우어는 이렇게 질문한다. "나 자신의 것도 아니고, 내가 상관할 것도 아닌 고통이 마치 나 자신의 것인 양 내게 즉각적인 영향을 끼치며, 나로 하여금 행동에 돌입하게 만들 만큼 강력한 위력을 발휘하는 까닭은 무엇일까?" 타인의 고통이 내게 말을 거는 순간. 그 순간이 우리가 운명의 갈림길에 서는 순간이다. 타인의 슬픔에 함께 엉엉 우는 '마음'만으로는 그를 구할 수 없다. 여러분이 누군가를 익사 위기에서 구하려고 할 경우, 자칫하면 그 사람이 여러분을 무작정 잡아당겨 같이 죽을 수도 있기 때문이다. 진정 타인을 구하기 위해서는 다른 사람의 아픔을 내 것처럼 생각하는 상태를 넘어, 내가 그 사람을 도울 수 있을 정도의 실질적 능력을 갖추고 있어야 한다.

우리가 문학 작품 속에서 찾는 영웅은 사실 현대 사회의 '스타'나 '위인'과는 별 상관이 없다. 사람들이 '대단하다', '위대하다'고 믿는 가치가 점점 세속화되었기에, 옛 시절의 영웅은 단지 '신화의 주인공'일 뿐이라고 폄훼당하기도 한다. 하지만 세상을 바꾸는 것은 단지 빌 게이츠나 스티브 잡스 같은 사람들만이 아니라, 각자의 자리에서 자기만의 기적을 발굴해 내는 사람들이 아닐까. 이청준의 소설 「당신들의 천국」(1976)의 조 원장처럼 말이다. 조 원장에게는 아무런 영광이나 보상이 없었다. 그럼에도 불구하고 그는 한센병을 앓고 있는 환자들이 격리되어 있는 외딴 섬, 소록도에 자신의 일생을 바친다. 「마당을 나온 암탉」의 잎싹도 마찬가지다.

"엄마, 내가 떠나길 바래?"

잎싹은 초록머리의 눈을 들여다보며 고개를 끄덕였다.

"물론 가야지. 네 족속을 따라가서 다른 세상에 뭐가 있는지 봐야 하지 않겠니? 내가 만약 날 수 있다면 절대로 여기에 머물지 않을 거다. 아가, 너를 못 보고 어떻게 살지 모르겠다만, 떠나는 게 옳아. 가서 파수꾼이 되렴. 아무도 너만큼 귀가 밝지 못할 거야."

"나는 안 떠나."

금방이라도 울 것처럼 초록머리가 잎싹의 날갯죽지에 머리를 묻었다.

"하고 싶은 걸 해야지. 그게 뭔지 네 자신에게 물어봐."

"엄마가 혼자 남을 텐데. 마당에 갈 수도 없고."

"나는 괜찮아. 아주 많은 걸 기억하고 있어서 외롭지 않을 거야."

초록머리가 소리를 죽여 울었다. 잎싹은 가만가만 등을 어루만져 주었다.

(······) "엄마는 나랑 다르게 생겼지만, 그렇지만, 엄마 사랑해요."

— 황선미, 『마당을 나온 암탉』에서

잎싹은 자신이 낳은 아기가 아님에도 불구하고 초록머리를 훌륭하게 키워 내고, 그렇게 정든 초록머리를 가장 어울리는 '무리들'의 세계로 힘겹게 보내 준다. 그녀는 초록머리를 낳지 않았지만, 그녀의 모든 것을 바쳐 초록머리를 사랑한다. 그 사랑이 잎싹을 더없이 아름다운 영웅으로 만든다. 소유할 수 없는 것을 아무런 욕심 없이 무조건 사랑하는 것. 서로 너무 많이 다르지만, 그 다름에도 불구하고 서로를 사랑하는 것, 사랑은 우리를 '1인분'의 갑갑한 삶에서 벗어나게 한다. 누군가를 사랑한다는 것은 타인의 삶을 함께 사는 것, 나의 경계를 넓혀 너의 삶에까지 침투하는 용기다. 영웅의 제1요건, 그것은 조건 없는 사랑이다.

위대한 '가출'의
주인공들
―
자기 정체성을 발견하는 여정

집을 떠나 '모험'을 꿈꾸는 주인공들

집은 안정과 평화를 상징하는 장소이기도 하지만, 언젠가는 떠나야 할 '극복'의 장소이기도 하다. 문학 작품 속에는 좀 더 일찍, 또는 좀 더 오래 집을 떠난 사람들의 이야기가 넘쳐 난다. 수많은 성장소설, 모험소설, 교양소설 속에서는, 집을 떠난 주인공들이 큰 깨달음을 얻고 돌아와 더욱 깊은 통찰력을 갖게 된다.

집을 떠난 주인공들이 흔히 겪는 고난은 의식주의 불안에서 오는 공포다. 이런 공포보다 더 극복하기 어려운 것은 바로 사방에서 검은 손길을 뻗어 오는 치명적인 '유혹'이다. 집을 떠나 모험을 감행하는 주인공들에게, 각종 '유혹'은 오히려 깊은 '깨달음'과 직결된다. 유혹에서 단지 '위험'만을 본다면 얻을 것은 순간의 쾌락뿐이다. 우리의 눈길을 끄는 위대한 가출의 주인공들은 저마다 치명적인 유혹에서 생의 결정적인 진실을 발굴해 낸다. 그 배움의 열정이, 발견의 혜안(慧眼)이, 그들을 '누군가의 아들딸'이 아니라 '내 인생의 진정한 주체'로 거듭나게 만든다.

「데미안」(1919)에서 싱클레어는 종교와 예술, 교양과 예절의 향기로 가득한 '집'을 떠나 위험한 자유와 목적 없는 방황의 길을 선택한다. 「호밀밭의 파수꾼」(1951)에서 홀든은 '집'뿐만 아니라 '학교'를 떠나 처음으로 책이나 영화 바깥의 진짜 세상과 만난다. 「톰 소여의 모험」(1876)이나 「허클베리 핀의 모험」(1885) 등 대표적인 모험소설에서도 집을 떠난 주인공들의 모험은 진가를 발휘한다.

이러한 모험소설의 주인공들을 통해 우리는 주어진 교육이나 공적인 사회화 과정만으로는 감당할 수 없는 정신적 성장의 영역이 있음을 깨닫게 된다. 오직 자신만이 스스로를 변화시키고 훈련시킬 수 있는 순간이 있다. 다른 사람이 아니라 바로 '나' 자신이 '나'를 바꾸는 주인공임을 깨닫는 순간. 그 순간이 바로 육체적 나이와 관계없이 우리가 '어른'이 되는 순간이다.

'집'을 떠나는 것은 무엇보다도 '내가 누구인가'를 알고자 하는 여정이다. 집을 떠남으로써 '나'의 의미를 찾는 주인공들의 이야기는 언제 읽어도 가슴이 설렌다. 자아를 둘러싼 일상적 공간이 어느 날 한없이 비좁아 보일 때, 또는 매일 반복하는 일상이 한없이 낯설어 보일 때, 우리는 '어른'이 되는 문턱에서 또 다른 도약을 준비한다. 예컨대 「허클베리 핀의 모험」에서 주인공 허크는 끊임없이 "똑바로 앉아라." "그렇게 하품을 하거나 기지개를 켜는 게 아니야." "제발 얌전하게 굴어라." 하면서 잔소리를 하는 왓슨 아줌마의 감시와 규율에서 벗어나 처음으로 '자유'를 꿈꾼다. '버릇없이 굴면 지옥에 가게 된다'는 이야기를 귀에 못이 박이게 들은 나머지 '차라리 정말로 지옥에 가 봤으면 좋겠다'고 생각하던 허크. 이 소년에게 '집'이 아닌 '뗏목 생활'은 바로 자유와 해방의 상징이었다. 모든 것이 '~하지 마라(Don't)'로 시작되던 '집'과 달리 모든 것이 '한 번 해 보자(Let's do it!)'로 시작되는 삶이 펼쳐진 것이다.

> 뗏목 생활이란 여간 멋진 것이 아니었어. 하늘을 처다보면 사방에는 온통 별이 반짝이고, 우리들은 벌렁 드러누워 별이 어떻게 만들어졌는지, 아니면 저절로 생겨났는지 궁금해하곤 했어. 짐은 만들어진 거라고 했고, 나는 저절로 생성된 거라고 했어. (……) 우린 또 길게 꼬리를 끌고 재빠르게 떨어지는 유성도 보곤 했어.
>
> ─ 마크 트웨인, 『허클베리 핀의 모험』에서

'알'에서 깨어나기 위한 방황

언젠가는 우리도 「데미안」의 싱클레어처럼 자신을 둘러싸고 있는 '알'에서 깨어나야 한다. 집을 떠나는 모험을 통해, 부모의 간섭과 보호를 벗어나, 싱클레어는 힘겹게 '자아'를 둘러싼 두꺼운 '알'의 껍데기를 깨뜨릴 수 있었다. 이때 '자아'의 껍데기란 타인이 규정하는 자신, 그리고 자신이 '나는 여기까지야'라고 믿는 한계를 말한다. 그렇게 '자아'를 둘러싼 다양한 선입견과 편견을 벗어던지고, 진정한 자기와 만날 수 있는 계기는 어떻게 형성될까. 그 과정에서 내 안의 멘토가 되어 주는 것이 바로 '교양'이다. 교양은 타인의 삶에 대한 지식을 통해 자신의 진정한 모습을 깨닫는 길이기도 하다.

> 새는 알을 깨고 나온다. 알은 세계이다. 태어나려는 자는 하나의 세계를 깨뜨려야 한다. 새는 신에게 날아간다. 그 신의 이름은 아프락사스이다.
> ─ 헤르만 헤세, 『데미안』에서

수천 권의 책을 읽어도, 아무리 높은 수준의 교육을 받아도, 진정한 교양이 저절로 생겨나지는 않는다. 교양의 뉘앙스에는 '꼭 알아 두어야 할 것'이라는 의무의 냄새가 짙게 배어 있다. 내 안의 진정한 교양이 깨어나는 순간. 그 순간은 '알아 두면 좋을 것'이라는 실용성, 남들에게 무지가 탄로날까 봐 두려워하는 '불안' 때문이 아니라, 정말 '내 삶에 필요한 공부는 무엇인가', '내가 세상 속에서 살아가기 위해 필요한 자산은 무엇인가'를 온몸으로 깨닫는 순간이다. 교양이 깨어나는 순간은 바로 내 꿈이 정해지는 순간이기도 하다. 교양은 결국 '나는 누구인가'라는 질문으로 시작하여 '나'를 둘러싼 수많은 인연의 힘, 관계의 힘, 타인의 힘을 깨닫는 과정이다.

문학 작품 속에는 고향을 떠났다가 다시 돌아와 고향의 의미를 재발견하는 주인공들이 등장한다. 그들은 결코 떠날 수 없을 것만 같은 고향을 마침내 떠남으로써, 또는 자신의 성장을 방해한다고 믿었던 고향에서 자신의 진정한 꿈을 발견하기도 한다. 이인직의 「혈의 누」(1906), 이기영의 「고향」(1933~1934), 황석영의 「삼포 가는 길」(1973)이 바로 그런 사례다. 이 소설의 주인공들은 '고향'을 떠남으로써 진정한 '주체'로 거듭난다. 모험이 끝나고 그들이 돌아와 바라보는 고향은 어린 시절의 그 고향이 아니다.

이인직의 「혈의 누」에서 전쟁고아로 일본에서 자라난 옥련은 개화와 계몽의 공간으로서 '고향'을 재발견한다. 이기영의 「고향」에서도 김희준은 실천적 지식인이 되어, 교육이나 계몽에는 아무 관심이 없는 농민들이 모여 살던 고향을 혁명의 공간으로 탈바꿈시키기 위해 애쓴다. 황석영의 「삼포 가는 길」의 주인공들은 이젠 돌아가도 찾을 수조차 없는, 재개발의 대상이 되어 버린 고향 앞에서 절망한다. 하지만 세 남녀는 그들이 '함께' 있는 그 순간, 실로 오랜만에 '집과 같은 따스함'을 잠시나마 느낄 수 있었다. 집에 있을

때는 미처 깨닫지 못했던 집의 따스함을.

백화가 먼저 그 집의 눈 쌓인 마당으로 절뚝이며 들어섰다. 안방과 건넌방의 구들장은 모두 주저앉았으나 봉당은 매끈하고 딴딴한 흙바닥이 그런대로 쉬어가기에 알맞았다. 정씨도 그들을 따라 처마밑에 가서 엉거주춤 서 있었다. 영달이는 흙벽 틈에 삐죽이 솟은 나무막대나 문짝, 선반 등속의 땔 만한 것들을 끌어모아다가 봉당 가운데 쌓았다. 불을 지피자 오랜 동안 말라 있던 나무라 노란 불꽃으로 타올랐다. 불길과 연기가 차츰 커졌다. 정씨마저도 불가로 다가앉아 젖은 신과 바짓가랑이를 불길 위에 갖다대고 지그시 눈을 감았다. 불이 생기니까 세 사람 모두 먼곳에서 지금 막 집에 도착한 느낌이 들었고, 잠이 왔다. 영달이가 긴 나무를 무릎으로 꺾어 불 위에 얹고, 눈물을 흘려가며 입김을 불어대는 모양을 백화는 이윽히 바라보고 있었다.

— 황석영, 「삼포 가는 길」에서

'나는 누구인가'를 발견하는 여정

위대한 가출의 주인공 중 최고봉은 오디세우스가 아닐까. 오디세우스는 무려 20년 가까이 집을 떠나 전쟁과 모험을 겪고 온갖 유혹에 빠지면서도, 결코 '집에 돌아가야 한다'는 신념을 바꾸지 않았다. 오디세우스가 치러야 했던 끔찍한 트로이 전쟁보다 그가 집으로 돌아오는 여정이 훨씬 더 어려웠다. 그는 단지 전쟁에서 겪은 적들의 위협만이 아니라 가정을 지켜야 한다는 그의 의무를 위협하는 존재들, 즉 매력적인 여성들의 유혹에도 직면한다. 사이렌, 칼립소, 키르케 등 그토록 아름다운 여성들의 유혹에 맞서는 것이야말로 피 튀기는 전쟁보다 더 끔찍한 영혼의 내전이었다.

오디세우스는 아름다운 요정 칼립소의 낙원 같은 동굴에서 그녀와 동거하면서도 아내 페넬로페를 잊지 못한다. 칼립소가 약속한 영원한 젊음, 영원한 사랑은 '쾌락'을 제공하긴 했지만 진정한 만족을 가져다주지는 못했다. 그녀가 선물한 쾌락은 생의 에너지를 소모하는 것이었을 뿐 뭔가 생산하고 창조하는 기쁨을 주지 못했기 때문이다. 오디세우스는 가족이 단지 힘겨운 의무가 아니라 사랑과 열정의 집합체였고, 그의 모든 것이었음을 깨닫는다. 오디세우스가 떠나 있는 동안, 페넬로페에게 시간은 멈춰 있었다. 그녀는 자신의 미모와 재산을 노리는 구혼자들의 유혹을 뿌리치며 매일 똑같은 직물을 정성껏 짰다가 밤이면 몰래 풀어내는 허무한 과정을 반복하며 상실의 시간을 견딘다. 아들 텔레마코스가 무럭무럭 자라는 것을 바라보는 것이 그녀의 유일한 기쁨이었다.

오디세우스는 완벽하거나 초월적인 영웅이 아니라 지극히 인간적인 결점으로 가득한 인물이다. 그는 유혹에 약하고 걸핏하면 오만해지는 인물이지만 지략과 인내로 자신의 결점을 극복하려 한다. 그리고 모험과 전쟁 속에서 자신의 결점을 조금씩 깨달아 가며 자신이 지켜야 할 것이 무엇인가를, 자신이 '집'에 두고 온 것이 무엇인가를 알게 된다. 그가 집에 두고 온 것은 단순히 '가족'만이 아니라, 그의 미래, 그의 꿈, 그의 삶이었던 것이다. 그는 모험을 통해 단지 생물학적 아버지가 아니라 진정한 정신적 지주로, 한 가정의 가장으로 거듭나게 된다. 오디세우스는 집을 떠나서야 비로소 내면의 성장을 이루는 전형적인 남성 신화의 선구자다. 오디세우스는 집 바깥에서 모든 것을 찾았지만 결국 그가 간절히 찾던 모든 것은 바로 '집 안'에 있었던 것이다.

오디세우스의 가장 큰 '내부의 적'은 바로 스스로의 오만이었다. "나보다 더 잘 달리고, 마시고, 싸우고, 연애하는 자 누구이더냐. 진실이건 거짓이건 나만큼 창조해 낼 다른 사람이 어디 있더냐." 그는 자신의 승리에 도취되어 바다의 신 포세이돈에게 도전하기까지 한다. 그의 오만에 분노한 포세이돈의 복수만 아니었다면, 집으로 돌아오는 그의 여정이 그토록 길어지지는 않았을 것이다.

'우리 집에선 내가 최곤데!' 혹은 '우리 집에선 내가 왕인데!'와 같은 유아적 오만과 독선을 벗어던질 때 우리는 비로소 어른이 될 수 있다. 오디세우스는 전쟁 영웅으로 추앙받으며 인생의 정점에 오른 듯 보였으나, 집으로 돌아오는 길에 온갖 고초와 수모를 겪으면서 인생의 밑바닥으로 추락한다. 그가 집을 떠나 전쟁을 겪고 또다시 집으로 돌아오는 길, 이것은 그가 내면의 성장을 이루기 위해 반드시 필요로 했던 자아의 여정이었다. 자신의 장점에 도취되는 것이 아니라 단점과 추악한 부분까지도 자신의 일부로 기꺼이 받아들임으로써, 오디세우스는 성숙한 인간으로 거듭날 수 있었다.

　오디세우스는 무언가를 찾기 위해 집을 떠나 전 세계를 헤맸지만, 그가 진정으로 원했던 것은 '집'에 있었다. 고난에 찬 오디세우스의 여정은 바로 사랑하는 아내에게 이 모든 모험담을 허심탄회하게 들려주는 데서 끝이 난다. 마음을 다해 내 모든 이야기를 들어주는 사람이 없다면 이 모험은 얼마나 허무했을까. 집을 떠난 모험은 바로 집으로 돌아와 그 '이야기'를 타인에게 들려주는 데서 그 의미가 완성된다. 때로는 고통스러웠고 때로는 환희에 넘쳤던 모험의 여정을 아내에게 모두 들려주고 나서야 오디세우스는 오랜만에 마음의 평화를 찾아 깊은 단잠에 빠져든다.

> 오뒷세우스는 자신이 인간들에게 가져다준
> 온갖 고통과 자신이 겪어야 했던 고난을 빠짐없이 이야기했다.
> (……)
> 이어서 그는 키르케의 계략과 수많은 책략을 이야기했고
> 또 테바이의 테이레시아스에게 물어보고자 자신이 어떻게
> 노가 많은 배를 타고 하데스의 곰팡내 나는 집으로 내려가서
> 모든 전우들과 그리고 자기를 낳아서 어릴 적에 길러주셨던
> 자기 어머니를 만나보았는지 이야기했다.
> (……)

이어서 그는 자신이 어떻게 오귀기에 섬과 요정 칼륍소에게 가게

되었는지 이야기했는데, 칼륍소는 그를 남편으로 삼으려는

욕심에서 속이 빈 동굴 안에다 그를 붙들어주고 부양하며

그에게 영원히 죽음도 늙음도 모르게 해주겠다고 말하곤 했다.

그러나 그녀는 결코 그의 가슴속 마음을 설득하지 못했다.

(……)

이것이 그가 들려준 마지막

이야기였다. 그때 갑자기 사지를 풀어주는 달콤한 잠이

그를 엄습해 마음의 근심을 풀어 주었기 때문이다.

— 호메로스, 『오뒷세이아』에서

「그리스인 조르바」(1947)는 평생 집을 떠나 살아가는 방랑자 조르바의 이야기다. 가출의 또 다른 최고봉은 역시 집을 떠나 있어도 그 어디에서도 집을 만들 줄 아는 사람이 아닐까. 조르바는 집이 아닌 어떤 곳에서도 집처럼 편안함을 느낄 수 있는 자유로운 영혼의 소유자다. 집을 떠나 있어도 불안해하거나 무서워하지 않고 세상의 모든 위험에 맞서는 용기야말로 이 모든 위대한 가출의 주인공들이 보여 주는 미덕이기도 하다.

반드시 '집'을 떠나야만 가출은 아니다. 어떤 주인공은 돌아갈 집도, 떠나 버릴 집도 없지만, 늘 '가출' 상황과 비슷한 불안을 경험한다. 제인 에어가 바로 그렇다. 고아 소녀 제인 에어에게는 지상

어디에도 그녀를 위한 집이 없다. 그러나 그녀는 자신의 힘으로 지상에 허락되지 않은 자신만의 집을 창조해 낸다. 떠날 집도 돌아갈 집도 없지만 그녀는 자신이 가진 모든 열정과 지혜를 발휘하여 자신이 머물 공간을 창조한다. 잃어버린 집을 찾는 길은 또 하나의 나를 찾는 길이 된다. 제인 에어는 연약한 가정교사에서 한 남자와 한 아이의 인생을 구원하는 멋진 여성이 된다.

우리는 문학을 통해 '상상적 가출'을 실험하면서 집을 떠나 어른이 될 준비를 할 수 있고, 나아가 또 하나의 '나만의 집'을 창조할 몽상에 즐겁게 빠져들 수 있다.

세상 모든 것이
한순간에 사라진다면?

문학 속의 대재앙

종말의 공포, 파국의 불안

어느 날 갑자기 내가 살아온 이 세계가 흔적도 없이 사라진다면 어떨까? 집도, 도시도, 국가도, 자연도, 모두 흔적 없이 사라진다면. 무엇보다 사랑하는 사람들, 함께 인생의 희로애락을 나눠온 사람들과 하루아침에 이별하게 된다면?

   인류는 항상 대재앙에 대한 공포를 안고 살아왔다. 인간은 홍수, 지진, 가뭄, 화산폭발 같은 자연재해는 물론 전쟁, 기근, 전염병, 대형 건축물의 붕괴나 폭발 같은 '인재(人災)'의 위험에서 자유롭지 못하다. 특히 일본의 쓰나미와 원전 사고를 통해 알 수 있듯이, 자연 재해나 인공 재해는 더 이상 굳이 분리할 수 없는 형태로 공존한다. 문명이 발전할수록 재해를 방지하는 기술도 늘어나지만, 인구 밀집 지역과 고층 빌딩이 늘어남에 따라 재해 자체의 규모와 파급력도 더욱 커지게 되었기 때문이다.

재난 이야기는 다양한 블록버스터 영화를 통해서도 많이 볼 수 있다. 영화 〈타이타닉〉은 당대 최고의 거대 유람선 타이타닉호의 침몰 사건을 그려 세계인의 사랑을 받았고, 〈인디펜던스데이〉는 외계인의 침공에 맞선 인간의 투쟁을 실감나게 그려 내어 관객 몰이를 했다. 〈딥 임팩트〉와 〈아마게돈〉은 혜성이나 행성 충돌로 인한 지구 종말의 위기를 그려 내어 전 세계인의 이목을 집중시켰다. 〈볼케이노〉는 대도시 근처에서 화산이 폭발하는 엄청난 재앙을, 〈얼라이브〉는 비행기가 추락한 후 살아남은 자들의 생존을 위한 눈물겨운 투쟁을 보여 준다. 〈해운대〉는 거대한 해일이 몰려와 부산이라는 대도시가 온통 물에 잠기는 재난을 실감나게 형상화했다.

재난에 대한 상상력은 '지금 우리가 당연하게 여기는 것들이 한순간에 사라진다면?'이라는 돌발적 상상을 통해 인간의 존재 조건에 대한 많은 성찰을 가능하게 해 준다. 수많은 SF 소설에 나타난 지구 종말의 상상력은 과학과 문명에 대한 비판적 사유뿐 아니라, 인간을 살아가게 만드는 진정한 원동력은 무엇인가를 깨닫게 해 준다. 「타임머신」을 쓴 작가 웰즈는 「우주전쟁」(1898)이라는 SF 소설에서 '지구를 화성인이 침입했다'는 것은 '나쁜 일'만은 아니라고 말한다. 화성인이 지구로 왔듯이 지구인도 다른 별로 여행할 수 있고, 설사 종말의 순간이 올지라도 지구인도 다른 별에서 생존할 수 있다는 희망을 가질 수 있다는 것이다. 재난 문학은 설사 인류 최악의 순간이 온다 하더라도 마지막 순간까지 또 다른 희망을 찾고 싶은 인류의 오랜 염원을 담고 있다.

> 이 거대한 우주 속에 있는 지구를 화성인이 침입을 했다는 사실이 반드시 우리에게 해를 준 것이 아니다. 그 침략은 우리의 미래에 대한 확고한 자신감을 빼앗아 갔고 인간의 과학에 상당한 기여를 했을 뿐만 아니라 인류복지에 대한 개념에 크게 기여했다고 볼 수 있다. 이제 우리는 그 단계 이상을 보게 되었다. 화성인이 금성에 내릴 수 있었다면, 인간도 그렇게 하지 못하리라는 법이 없을 것이다. 지구에 생명이 살 수 없을 정도로 태양이 식어버린다면, 지구에 있는 생명체들이 빠져나가 다른 별에 가서 살 수도 있을 것이다.
>
> ― 웰즈(H. G. Wells), 『우주전쟁』에서

재난은 '오만한 인간'에 대한 징벌인가

흔히 뉴스가 타국의 재난을 보도할 때는 재난의 엄청난 규모와 인명 및 재산 피해에 대한 경이로운 통계를 전한다. 그런 다음에는 피해자들의 슬픔과 고통을 각종 인터뷰를 통해 생생하게 보도하고, 재난의 피해자들에게 도움의 손길을 촉구하는 메시지를 전하며, 서서히 피해를 복구하는 현지 시민들의 모습을 비춰 주고, 조금씩 보도 빈도를 줄여 나간다. 시청자들은 처음에는 재난 보도에 충격을 받지만, 여러 번 재난 보도를 접하다 보면 '머나먼 타국의 재앙'이 '지금, 우리의 상황'과는 '다행히도' 멀리 떨어져 있다는 사실에 다소 안도감을 느끼게 된다.

이런 재난 보도의 익숙한 패턴은 재앙의 파급 효과와 원인 분석보다는 그들의 고통을 '타인의 고통', 머나먼 나라의 고통으로 여기도록 거리를 두게 만든다. 실제로 일어나는 재난만큼이나 심각한 것은, 어떻게든 이 재난을 '타인의 고통'으로 거리두기 하려는 현대인의 집단적 무관심이기도 하다. 재난의 건수도 많아졌지만, 그만큼 재난의 흔적을 삭제하는 기술 또한 발전했기 때문에 이 집단적 '망각의 속도' 또한 점점 빨라지고 있는 것이다.

재난 영화의 화려한 스펙터클과 웅장한 사운드는 '파괴'를 통한 관객의 은밀한 쾌락을 자극하기도 한다. 인간은 '어느 날 갑자기 혜성 충돌이나 화산 폭발이 일어나면 어쩌나' 하는 불안을 느끼기도 하면서, '내일이 수능시험인데, 갑자기 지구가 정지해 버렸으면 좋겠다'는 장난기 어린 상상력을 발동시키기도 한다. 재난을 끔찍하게 두려워하면서도 재난이 일어나면 과연 어떨까 하는 호기심 또한 강력하기 때문에 이렇듯 대재앙을 다룬 스토리들이 끊임없이 창작되는 것이 아닐까.

재난을 보도하는 뉴스나 재난을 소설이나 영화로 그려 내는 방식 속에는 해당 문화의 핵심적 가치관이 드러나곤 한다. 할리우드 재난 영화의 대다수는 휴머니즘의 가치관을 보여주면서 동시에 '미국 중심주의' 또한 강하게 보여준다. 〈아마게돈〉이나 〈인디펜던스 데이〉 같은 대표적인 재난 영화에서 '지구를 구하는 영웅들'은 언제나 대부분 미국인들이다. 미국이 항상 인류 대재앙을 극복하는 데 주도권을 행사하는 모습은 재난 영화의 익숙한 패턴인 것이다. 영화 〈타이타닉〉에서는 1등실 손님들에겐 허락된 구명보트가 그 외의 손님들에게는 제공되지 않음으로써 여객선이 빙산에 충돌했을 때 엄청난 혼란이 가중된다. 이렇듯 재난은 그 사회의 계급적 불평등과 인종적 편견 등 여러 가지 갈등을 한꺼번에 폭발시키는 역할을 하기도 한다.

한편 재난 이야기 속에는 '재난은 자연의 분노다', 혹은 '재난은 인간의 오만에 대한 신의 징벌이다'라는 식의 가치관이 자리 잡곤 한다. 그러나 이런 가치관 또한 정당한 것은 아니다. 만약 재난이 정말로 인간의 죄에 대한 징벌이라면, 순진무구한 아기들이나 어떤 심각한 죄도 저지르지 않은 사람들이 재난에 휩쓸리게 되는 일을 어떻게 설명할 것인가? 지진이나 화산이, 해일이나 홍수가 '죄 있는 사람들'과 '죄 없는 사람들'을 가려내지는 못하지 않는가. 재난은 아무리 높은 사회적 지위를 가져도, 아무리 돈이 많아도, 인간이 결코 피할 수 없는 '평등한 불행'이다. 재난을 미리 조심하거나 예방하는 것에는 한계가 있기 마련이고, 인간의 결심과 준비만으로는 재난에 효과적으로 대처할 수도 없다. 인간은 최선을 다해 재난에 대처할 수는 있지만, 재난 자체로부터 완전히 도망칠 수는 없다. 오히려 재난이 인간에게 가르쳐 주는 것은, 현재의 소중함, 지금 살아 있다는 것의 소중함이 아닐까.

> 이곳은 물은 없고 바위만 있다.
> 바위만 있고 물 없는 모래 사막 길
> 물 없는 바위산들
> 그 위로 난 꼬불꼬불한 길
> 물이 있으면 걸음 멈추고 마시련만
> 바위틈에선 걸음을 멈추거나 생각할 수도 없다.
> 땀은 마르고 발은 모래 속에 빠질 뿐
> (…) 여기서는 설 수도 누울 수도 앉을 수도 없다.
> 비 없는 마른 불모의 천둥이 으르렁대니
> 산 속에는 침묵도 없다.
>
> ─T. S. 엘리엇, 「황무지」에서

자유의지, 혹은 마지막 희망

"윈스턴, 자네는 도안에 나타난 하나의 결점과도 같아. 자네는 지워버려야 할 얼룩 같은 거야. 우리는 과거에 박해를 일삼던 무리들과는 현격하게 다르다고 일러주지 않았나? 우리는 소극적인 복종에 만족하지 않아. 그렇다고 철저하게 비굴한 순종도 만족스러운 결과는 아니라네. 자네가 우리에게 항복한다면 그것은 전적으로 자유의지에 의한 것이어야 하네. 우리는 이단자가 우리에게 단지 저항한다고 해서 그를 제거하지는 않아. 사실 그가 우리에게 저항을 계속하는 한 우리는 절대로 그를 제거하지 않는다네. 우리의 목표는 그를 전향시키는 것이라네. 우리는 그의 속마음마저도 빼앗아버려 그를 교화하지. 그의 모든 사악한 생각과 모든 환상을 태워 그를 우리 편으로 만드는 거야."

― 조지 오웰, 『1984』에서

지진이나 화산 폭발 같은 거대한 사건만이 재난은 아니다. 사회의 양극화가 날이 갈수록 심화되고, 평범한 사람들의 기본적인 인권을 지키기 어려운 일도 많아지고 있다. 사회가 복잡해지면서 각종 재난의 종류 또한 더욱 다양해지고 있으며, 사회적 차원의 재난뿐 아니라 개인적 차원의 재난이 급증하고 있다. 매일매일 보는 뉴스에 워낙 심각한 사건이 많아 더 이상 웬만한 뉴스에는 놀라지 않는 현대인들. 이러한 재난의 일상화와 재난에 대한 집단적 불감증이야말로 우리 내부의 또 다른 재앙이다. 가상의 재난을 SF적 상상력으로 형상화하는 현대 작가들은 우리에게 '재난이 바로 우리 곁에 있다'고 경고하는 동시에, 재난에 대한 우리의 생각을 바꿔야 함을 알려 준다. 재난 문학은 '재난이 일어났을 때 우리가 어떻게 대처해야 할까'뿐만 아니라, '재난이 일어나지 않아도, 바로 지금 이 순간에 우리가 어떻게 살아갈 것인가'를 고민하게 만드는 것이다. 우리의 일상을, 우리의 삶을 바꾸지 않는 한, 재난을 예방할 수도, 더 큰 재앙을 피할 수도 없기 때문이다.

　조지 오웰의 「1984」(1949)는 전체주의의 디스토피아를, 헉슬리의 「멋진 신세계」(1932)는 과학지상주의의 디스토피아를 보여 준다. 이 작품들 속에서는 인간의 욕망과 마음까지 마음대로 통제할 수 있다는 믿음을 가진 권력자들이 사회를 지배한다. 헉슬리와 오웰이 그린 인류의 대재앙은 터무니없는 공상이 아니라 우리가 발 딛고 있는 '현실'에서 유추된 것이다. 미래 사회에 대한 급작스럽고 터무니없는 상상이 아니라, 현실의 제1원리로 제시되는 '효율'과 '과학'에 대한 맹신이 인류를 어디까지 데려갈 수 있는지를 보여 주는 것이다. 인간의 영혼까지 '생산'할 수 있다는 믿음, 인간의 영혼과 인간의 마음마저 '교정'하고 '반품'할 수 있다는 믿음이야말로 헉슬리의 「멋진 신세계」가 보여 주는 디스토피아적 미래다.

　　신사 숙녀 여러분. 포드 씨는 인간이 아닙니다. 하나의 원칙입니다. 아니 냉혹한 작업공정입니다. 낭비와 경쟁적인 자본주의는 물러갔습니다. 앞으로는 빵, 버터, 식탁, 의자, 침대, 그리고 술까지도 포드 공장에서 만들어질 것입니다. 미국 전체에 하나의 거대한 발전소가 들어설 것이며 결국 전 세계에 이보다 더 큰 하나의 발전소가 들어서는 셈이 될 것입니다.

— 올더스 헉슬리, 『멋진 신세계』에서

주제 사마라구의 「눈먼 자들의 도시」(1995)는 도시 전체 사람들이 '실명'이 되어 버리는 끔찍한 재앙을 다룬다. 도시 전체가 눈먼 사람들로 가득하자, 사람들은 비로소 깨닫는다. 그들의 문화가 얼마나 '시각' 중심적이었는지, 인간이 모든 감각 중에서도 얼마나 '시각'에 의지해 왔는지를. 실명 당시의 충격과 공포가 잦아들자, 사람들은 점차 눈이 멀었다는 사실에 익숙해지기 시작한다. '다른 사람이 나를 보고 있다'는 생각이 없어지자, 실명보다 더 큰 재앙이 일어나기 시작한다. 사람들은 수치심을 잃고, 자존심을 망각하고, 타인을 향한 존경과 예절을 잃어 가기 시작한 것이다. 스스로의 존엄을 잃는 것, 그것이야말로 실명보다 더 끔찍한 재앙이었던 것이다. 다른 사람들이 나를 보고 있다는 의식이 사라지자, 사람들은 마음 놓고 각종 범죄를 저지르기 시작한다. 폭력과 약탈, 강간과 죽음으로 가득 찬 도시는 점점 살아 있는 지옥으로 변해 간다. 완전한 무질서와 혼돈이 시작된 것이다.

재난은 이처럼 끔찍한 고통의 근원이기도 하지만, 재난을 통해 우리의 삶을 지탱하고 있는 숨은 가치들이 더욱 선명하게 드러나기도 한다. 사람들이 점차 '보이지 않는 눈'에 익숙해지기 시작하자, 눈이 멀쩡히 보일 때는 알지 못하던 것, 시각의 요술과 시각의 위장에 현혹되어 평소에는 보이지 않던 가치들이 보이기 시작한다. 우리가 눈을 뜨고도 보지 못하는 것들은 무엇일까. 아직 화산도 폭발하지 않았고, 지진도 일어나지 않았으며, 대홍수도 일어나지 않았는데, 왜 사람들은 매일매일 불행하다고 생각하는 것일까. 인간의 행복을, 인간의 평화를 가능하게 하는 삶의 조건은 무엇인가. 「눈먼 자들의 도시」는 '눈이 멀어야만 보이는 것들'을 통해 우리가 '눈을 뜨고도 보지 못하는 것들'을 보여 준다.

세계가 점점 빠른 속도로 도시화되고 신자유주의 이데올로기가 전파됨에 따라, 자연 재해를 넘어 각종 분쟁이나 테러 같은 정치적 재난 또한 급증하고 있다. 홍수나 지진 같은 어떤 특정한 '사건'으로서의 재난이 아니라, 주어진 현실과 일상 자체가 총체적 재난으로 느껴질 때도 많다. 재난에는 흩어졌던 사람들을 모으고 '고립'의 고통을 '연대'의 기쁨으로 바꾸는 힘이 있다. 영화 〈타이타닉〉에서 잭(레오나르도 디카프리오)과 로즈(케이트 윈슬렛)의 사랑은 허구이지만, 살아남기 위해 아귀다툼을 하는 대신에 죽기 직전까지 아름다운 음악을 연주하는 악단의 모습, 배가 침몰하는 동안에도 아이들을 편안히 침대에 누이고 따스한 목소리로 옛날이야기를 해주는 어머니의 모습은 생생한 실화라고 한다. 이렇듯 재난은 인간의 숨겨진 존엄과 숭고를 유감없이 보여 주는 출구이기도 하다. "재난을 제 몸처럼 소중히 여겨라"라는 「도덕경」의 잠언처럼, 우리는 재난을 '피해야 할 사건'이 아니라 '우리 존재의 일부'로 받아들여야 하지 않을까.

사랑의 혁명적 힘

문학의 영원한 테마,
러브스토리

사랑, 통과의례의 출발점

"한 사람을 제외한 모든 사람에게 무례해지는 것이 바로 사랑의 본질 아닌가요?"

제인 오스틴의 「오만과 편견」에 나오는 명대사다. '한 사람'의 매력에 푹 빠져 이 세상 모든 사람들이 깨알 같은 엑스트라처럼 보이는 순간, 오직 '한 사람'이 내 눈앞에 거대하게 클로즈업되는 그런 순간, 사람들은 '사랑'이라는 단어를 떠올린다.

'사랑을 한다'라는 주체적인 표현보다 '사랑에 빠지다(fall in love)' 같은 수동적인 표현이 더 자주 쓰이는 것은 왜일까? 아마도 그것은 사랑 자체가 피치 못할 '사고'처럼 우연히, 주체의 의도나 계획과는 전혀 상관없는 방식으로 시작되기 때문일 것이다. 사랑은 합리적 이성으로 선택할 수 없다. 사랑은 주도면밀한 계획으로도 통제할 수 없다. 인간은 속수무책으로 사랑에 빠져든다.

사랑에 빠지는 사람에게는 흔히 심각한 착시 효과가 일어난다. 이 세상에서 그 사람이 제일 멋져 보이고, 거리를 지나치는 모든 사람이 혹시 '그가 아닐까, 그를 닮은 사람이 아닐까' 뒤돌아보게 된다. 모두가 '악당'이고 '괴물'이라고 믿는 사람까지도 사랑의 대상이 되면 이 세상에서 가장 눈부신 존재가 된다. 「폭풍의 언덕」의 주인공 히스클리프처럼 말이다. 가족은 물론 온 동네 사람에게 기피 대상 1호로 통하는 이방인 히스클리프가 캐서린에게는 '나보다 더 나 같은, 나보다 더 소중한' 사람으로 느껴지는 것이다. 사랑받을 수만 있다면 인간은 자신의 절망을 깨끗이 잊을 수도 있다.

"사실주의는 싫어요! 난 마법을 원해요!" "마분지 바다를 항해하는 종이달이라 할지라도, 당신이 나를 믿어 주신다면, 그건 가짜가 아니랍니다." 「욕망이라는 이름의 전차」에서 블랑시의 대사다. 그녀에게 사랑은 현실의 고통을 치유하는 마법처럼 다가온다. 누군가 나를 사랑해 준다면, 누군가 나를 전적으로 믿어 준다면, 어떤 커다란 슬픔도 잊을 수 있으며 어떤 터무니없는 환상도 진실로 탈바꿈할 수 있다는 것이다.

반대로 '사랑받지 못한다'는 감정은 인간에게 가장 고통스러운 경험이다. 「오페라의 유령」(1910)에서 에릭은 자신의 끔찍한 외모를 숨기기 위해 평생 오페라 극장 지하에서 숨은 채로 살아간다. 에릭에게 유일한 구원의 가능성은 아름다운 여가수 크리스틴의 사랑을 받는 것이었다. 크리스틴의 사랑만 받을 수 있다면, 그는 평생 온 세상을 감옥처럼 여기며 사람들의 눈을 피해 살아 왔던 자신의 슬픈 과거를 잊을 수 있을 것만 같았다. 그러나 크리스틴은 이미 그녀의 첫사랑 라울과 사랑에 빠져 있었다. 크리스틴은 에릭에게 연민을 느끼지만 아무리 노력해도 그 연민은 사랑으로 바뀌지 못한다. '아무도 날 사랑하지 않아'라는 절망감은 인간을 치명적인 위험에 빠뜨리곤 한다. 에릭은 크리스틴을 납치하고 타인에게 수많은 상처를 입히며 자신의 사랑을 억지로 쟁취하려 하다가 결국 비극적인 최후를 맞이하고 만다.

사랑은 내 눈에 비친 가장 아름다운 타인을 발견하는 순간에 시작된다. 그리고 그 순간은 바로 '나는 도대체 어떤 사람인가'를 탐구하게 만드는 순간이기도 하다. 사랑을 통해 우리는 상대방뿐 아니라 자신을 새롭게 발견한다. 나에게 이런 열정이 숨어 있다니, 나에게 이런 콤플렉스가 숨어 있었다니. 사랑에 빠져 있는 동안 우리는 자신이 몰랐던 자신의 무한한 가능성을 발견한다. 혹독한 첫사랑을 통해 우리는 '세상'으로 나아가기 위한 첫 번째 통과의례를 시작한다. 사랑은 자기 자신을 향한 혹독한 면접시험이기도 한 것이다.

사랑+연애=결혼?

제가 자동인형이라고 생각하시나요? 감정도 없는 기계라고 생각하시나요? 그래서 제 입에서 제가 먹을 빵 조각을 빼앗기고, 제가 마실 생명수가 담긴 제 컵을 내던지는 일을 참을 거라고 생각하시나요? 제가 가난하고, 미천하고, 못생기고, 어리다고 해서 영혼도 없고 가슴도 없다고 생각하시나요? 잘못 생각하신 겁니다! 저도 주인님 못지않게 영혼을 가지고 있고, 감정이 가득 담긴 가슴을 가지고 있습니다. 만약 하느님께서 제게 어느 정도의 미모와 부를 갖고 태어나게 해주셨다면, 저는 주인님께서 저를 떠나보내시는 일을 제가 지금 떠나야 하는 일만큼 힘들게 만들었을 거예요. 저는 지금 인습이나 관습이라는 수단을 통해서 말씀을 드리고 있는 게 아니에요. 또한 육신이라는 수단을 통해서 말씀을 드리고 있는 것도 아니고요. 제 영혼이 주인님의 영혼에 말을 하고 있는 것입니다. 두 영혼이 무덤을 지나 하느님의 발치에 평등하게 서 있게 될 때처럼 말이에요. 그게 우리의 참모습입니다!

—샬럿 브론테, 『제인 에어』에서

사람들은 '사랑 없는 결혼'이 가장 불행한 것이라 믿는다. 현대인에게 사랑과 연애는 결혼의 필수품처럼 느껴진다. 우리 마음속에는 '사랑+연애=결혼'이라는 공식이 무의식적으로 새겨져 있는 것 같다. 그러나 이런 공식이 일반화된 것은 인류의 역사 전체에 비

취볼 때 매우 최근의 일이다. '낭만적 사랑(romantic love)과 결혼의 일치'라는 공식은 근대 사회 이후의 결혼관이다. 전통 사회에서 사람들은 중매결혼이나 정략결혼을 반드시 불행이라 생각하지 않았으며 자연스런 삶의 통과의례라 생각하곤 했다. 물론 전통 사회에도 열정적 사랑이 있었고 자유연애도 있었지만 '사랑+연애=결혼'이라는 공식이 일반화된 것은 근대 사회 이후의 일이다.

전통 사회에서는 이른바 '사랑 따로, 연애 따로, 결혼 따로'인 사람들도 있었다. 물론 이러한 화려한 감정의 사치는 주로 귀족이나 왕족의 특권이긴 했지만 말이다. 스무 살도 안 되어 '조혼'을 하는 것 또한 오랫동안 동서양의 공통적 관습이었다. 수많은 가능성을 따져 보는, 평생의 반려를 심사숙고하여 '스스로' 결정하는 것은 매우 현대적인 관습인 셈이다. 현대인의 결혼 적령기가 점점 늦어지는 것도 사랑과 결혼을 '개인의 합리적 선택'이라 믿는 가치관이 자리 잡고 난 후다. 한국 사회에서는 20세기 초만 해도 조혼과 중매결혼이 가장 일반적인 결혼의 형태였다.

낭만적 사랑이 결혼으로 이어지는 것을 인간의 가장 큰 축복이라 믿는 사고관은 여성의 인권이 신장한 이후의 일이기도 했다. 「제인 에어」나 「오만과 편견」이 출간되었을 때에는 사랑과 결혼에서 '여성의 주체적 선택'이라는 것이 매우 특별한 일이었다. 그 시절은 여성에게 투표권도 없었다. 여성이 '작가'가 된다는 것, 여성이 책을 출판한다는 일조차 매우 불경한 일로 여겨지던 시절이었다. 고아

나 다름없이 외롭고 힘겹게 자라난 가정교사 제인 에어가 상당한 재력가였던 로체스터와 결혼하는 것은 '파격'을 넘어 '금기'에 가까운 일이었다.

그러나 「제인 에어」(1846)의 아름다운 러브스토리는 신데렐라 스토리와는 거리가 멀다. 로체스터에게 유명무실하지만 법적으로 부인이 있다는 것을 안 뒤 제인은 어쩔 수 없이 그를 떠난다. 로체스터는 제인 에어가 떠난 후 불의의 화재로 아내와 시력까지 잃고 하루하루 몰락해 가고 있었다. 이제 더 이상 가정교사가 아니라 어엿한 '교사'가 된 제인 에어가 오히려 실의에 빠진 로체스터를 절망의 심연에서 끌어내는 구원의 여신이 되는 것이다. 제인의 인생역전은 단지 '사랑과 결혼의 성공'이 아니라 무일푼의 고아 소녀가 자신뿐 아니라 수많은 사람들을 구원할 수 있는 든든한 버팀목이 되는 과정이기도 하다.

이렇듯 사랑에는 일상적인 제도나 질서를 뒤흔드는 혁명적 힘이 깃들어 있다. 사랑은 신분이나 혈연, 인종이나 국경까지 뛰어넘는 전복의 에너지를 품고 있다. 사랑에 빠졌을 때 사람들은 전에 없던 엄청난 활기나 초인적인 힘을 지니게 되기도 한다. 도스토예프스키의 「죄와 벌」에서 이제 모든 것이 '끝'이라고 생각했던 청년 라스콜리니코프가 구원의 빛을 보는 것도 바로 자신을 조건 없이 사랑해 주는 여인, 소냐의 힘 덕분이다. 모두가 나에게 등을 돌릴 때조차도, 나의 손을 잡아 주는 단 한 사람의 온기가 있다면 인간은 모든 것을 새롭게 시작할 수 있다. 사랑은 그렇게 '혹독한 현실'을 '구원의 기적'으로 탈바꿈시키기도 한다.

이루어질 수 없는 사랑, 인간의 영원한 딜레마

사랑의 가장 큰 장애물 중 하나는 '질투'다. 「젊은 베르테르의 슬픔」에서 베르테르는 로테의 약혼자를 향한 질투로 자신의 인생을 망가뜨린다. 어떤 강력한 의지로도 막을 수 없는 사랑이 시작되었는데 이미 그녀는 다른 사람의 약혼자였던 것이다. 그가 질투로 자신을 파괴하지 않았다면 비극적인 결말은 피할 수도 있었을 것이다. 질투의 또 다른 이름은 소유욕이다. 그 사람을 오직 '나만의 것'으로 만들고 싶은 독점욕이 비극을 부르곤 한다. 투르게네프의 「첫사랑」(1860)은 그 질투의 대상이 자신이 세상에서 가장 멋지다고 생각하는 남자, '아버지'라는 점이 밝혀지면서 비극이 정점에 다다른다. 블라디미르에게는 늘 수많은 남자들이 아름다운 지나이다 곁을 맴도는 것도 충분히 고통스럽다. 그런데 지나이다가 진실로 사랑하는 남자가 다름 아닌 '내 아버지'라니. 블라디미르는 경악할 수밖에 없다. 그리고 이 시련은 블라디미르의 인생에서 최초의 진정한 통과의례가 된다. 열여섯 살 소년 블라디미르는 깨닫는다. 사랑이 시작되는 순간은 '최고의 행복'과 '최고의 고통'이 동시에 시작되는 순간이라는 것을.

이제 나는 단순히 어린 소년이 아니었다. 나는 사랑에 빠진 남자가 되었다. 그날 이후로 나의 열정이 시작되었으며, 덧붙여 나의 고통도 바로 그날부터 시작되었다고 말할 수 있었다. 나는 지나이다가 없는 것에 괴로워했다. 내 머릿속에는 아무 생각도 없었다. 모든 것이 손가락 사이로 빠져나갔다. 온종일 그녀를 열렬히 생각했다. 괴로웠다. 그러나 그녀가 있을 때에도 상황은 더 나아지지 않았다. 나는 질투했고, 보잘것없는 자신을 의식하며 바보처럼 멍청하고 비굴하게 굴었다. (……) 타인에게 위대한 기쁨과 깊은 슬픔의 유일한 원인이자, 화답할 수 없는 강력한 원인이 된다는 것은 달콤한 일이다.

—투르게네프, 『첫사랑』에서

사랑은 해일처럼 덮쳐 온다. 인간의 힘으로는 막을 수가 없다. 그리하여 돈키호테는 말한다.

"사랑은 맞붙어 싸워 이길 수 있는 상대가 아니다. 줄행랑 칠 수밖에 없다."

인간은 사랑을 멈출 수가 없다, 사랑하며 아픈 것이 사랑하지 않은 채로 아프지 않은 것보다 더욱 고통스러울지라도. 그리하여 헨리 데이비드 소로는 말한다.

"사랑을 고치는 약은 없다. 만약 있다면 더 사랑할 수밖에 없다."

사랑은 인류의 가장 위대한 학교이기도 하다. 사랑을 통해 우리는 세상을 배우고, 삶을 배우고, 자기 자신을 탐구한다. 그리하여

빅토르 위고는 이렇게 말한다.

"우주를 단 하나의 사람으로 줄이고 그 사람을 신에 이르게까지 확대하는 것. 그것이 곧 연애이다."

사랑은 무한한 창조의 힘이기도 하다. 수많은 화가와 작가들은 자신의 모델에서 창조의 여신, 뮤즈를 보았다. 그리하여 니체는 이렇게 말한다.

"사람은 단지 사랑 속에서만, 사랑의 환상의 그림자에 포위되어야만 창조할 수 있다고."

큐피드의 장난스런 화살은 모든 사람에게 예외 없이 발사되는 것일까. 결혼하지 않을 수도 있고, 사랑에 실패할 수도 있지만, 평생 사랑에 빠지지 않을 수는 없다. 오만방자하기 그지없던 천하의 아폴론도 꼬마 큐피드의 화살에 맞아 평생 아무도 사랑할 수 없는 다프네를 사랑하지 않았던가. 사랑 앞에서는 신의 위엄도 무너진다. 여신 중의 여신이었던 헤라조차 평생 바람둥이 남편 제우스를 감시하느라 우아한 여신의 체면을 차릴 새가 없었다.

문학 작품에서는 마치 약속이라도 한 듯이 '행복한 사랑'보다는 '이루어질 수 없는 사랑'의 주인공들이 넘쳐난다. 프리드리히 실러는 이루어질 수 없는 사랑만이 지닌 매력을 이렇게 예찬했다.

"희망이 없는 사랑을 하고 있는 자만이 사랑을 알고 있다."

사랑은 희망이나 보답을 향한 열정이 아니라, 이 세상에 그 사람이 살아 있다는 사실만으로도 눈부신 기적을 느낄 줄 아는 지혜다.

문학 작품의 매력은 이루어질 수 없는 사랑에서 '실패'라는 결과만 보는 것이 아니라 그 비극적인 주인공의 사랑에서 무엇과도 바꿀 수 없는 인간의 고귀한 아름다움을 볼 수 있다는 것이다. 비극은 마치 도자기를 굽는 거대한 가마처럼 인간의 아픔을 뜨겁게 달구어 '사랑'이라는 멋진 예술 작품을 구워 낸다.

'운명의 굴레'를 벗어난 여성들

문학 속의 여걸들을 찾아서

'아버지'의 권력에 맞선 여성들

평강공주, 세조의 큰딸, 「박씨 부인전」의 박씨 부인, 「토지」(박경리)의 여인들의 공통점은 무엇일까? 그들은 아버지의 권력에 맞서, 남편의 억압에 맞서, 못생긴 여자를 타박하는 세상에 맞서, 여성의 구원을, 여성의 사랑을, 여성의 치유를 증명한 여성들이다. 이 여성들은 지금처럼 알파걸이나 수퍼맘을 예찬하는 시대에 태어나지 못했다. 여성이 무언가 '자신의 일'을 한다는 것 자체가 거의 불가능했던 시대에, 이들은 자신의 운명을 걸고 여성을 억압하는 사회에 맞선다. 미처 공적인 역사 속에 당당히 기록되지 못했던 여성들의 투쟁. 그들의 아픔과 사랑, 용기와 저항은 '문학'이라는 욕망의 비상구에서 비로소 빛을 발하게 된다. 왕의 권위, 아버지의 실수, 남편의 부재. 그 모든 역경 속에서 여성들은 '자신의 영광'이 아니라 '타인의 아픔'에 참여한다.

텔레비전 드라마 〈공주의 남자〉에서도 다뤄진 바 있는 세조의 큰딸 이야기는 야사(野史)에만 전해지는 이야기였다. 조선 말기 학자 서유영이 저술한 「금계필담」에 전해지는 아름답고 슬픈 사랑 이야기. 그것은 바로 조선판 '로미오와 줄리엣' 이야기로 불리는 세조의 큰딸과 김종서 손자의 로맨스다. 세조의 큰딸은 역사 속에서 이름조차 알려지지 않은 존재이지만 「금계필담」에서는 누구보다도 세조의 악행에 심각한 제동을 걸었던 천하의 여걸이었다. 조카인 단종을 몰아내고 사육신을 비롯한 수많은 충신들의 목숨을 빼앗으며 왕좌를 차지한 세조를 막을 사람은 아무도 없었다. 세조에 반대하는 모든 사람이 죽거나 다치거나 도망쳐야 했던 상황에서 세조의 큰딸은 아버지에게 '당신은 옳지 않다'는 의견을 끊임없이 어필한다. 타인의 잘못이 아니라 가족의 잘못을, 그것도 한 나라의 왕이 되어 버린 사람의 잘못을 지적한다는 것은 결코 쉬운 일이 아니다. 결국 아버지의 눈밖에 나 궁궐에서 쫓겨난 그녀는 정처 없이 산천을 헤매다가 한 청년을 만나 사랑에 빠진다. 나중에 알고 보니 그는 세조 때문에 죽음을 맞이한 김종서의 손자였다. 서로의 신원을 모른 채 조건 없이 사랑에 빠졌던 두 사람은 그렇게 운명적 악연을 극복하고 아름다운 부부의 인연을 맺는다. 오랜 시간이 지나 세조가 자신의 죄를 깨닫고 딸을 찾아 화해하려 하지만, 세조는 그들의 흔적을 다시는 찾을 수 없었다.

> 세조에게는 한 공주가 있었는데, 어려서부터 어질고 성품도 덕스러웠다. 공주는 단종이 왕위에서 물러나고, 절재 김종서가 사육신 및 충의를 지키려는 신하들과 함께 단종의 복위를 도모하려다가 순절하고, 그 가족들이 다 죽임을 당하는 데 이르는 것을 보고, 일찍이 눈물을 흘리며 밥도 먹지 아니하였다. 그리고 단종의 어머니인 소릉이 참변을 당할 때는 울면서 간하기를 그치지 아니하니, 세조는 크게 노하여 화가 장차 어디까지 미칠지 헤아릴 수 없게 되었다. 정희대비는 비밀히 유모를 불러 가벼운 보물을 충족히 주면서, 공주와 함께 그것을 가지고 멀리 피하게 하고, 왕에게는 공주가 요절한 것으로 알렸다.
>
> ―「금계필담」에서

세조의 큰딸과 함께 '강력한 아버지'의 권력에 저항한 또 하나의 공주가 있었으니, 그녀는 바로 평강공주였다. 어려서부터 아버지 평강왕에게 '울보'라는 이유로 놀림 받았던 평강공주는 '자꾸 그렇게 울면 천하의 바보 온달에게 시집 보내버리겠다'는 아버지의 협박을 곧이곧대로 실현한다. 아버지이자 임금인 평강왕의 말은 '농담'이었지만, 딸인 평강공주는 '천하의 지존은 거짓말을 해서는 안

된다'는 논리로 맞선 것이다. 공주가 정말로 아버지의 '농담'을 못 알아들었을 가능성은 별로 없다. 그녀는 '궁궐 안의 우아한 공주'로 살아갈 수 있는 편안한 운명을 버리고 모두가 바보라고 놀리는 온달을 직접 찾아가 스스로 청혼한다. 그녀는 '그저 처음부터 주어진 삶'이 아니라 '스스로 선택한 삶'을 살고 싶었던 것이 아닐까? 그녀는 모두가 바보라고, 추하다고, 천하다고 욕하는 온달을 남편으로 삼아 그를 누구도 넘볼 수 없는 위대한 장수로 키워낸다. 평강공주는 자신이 직접 나서서 바꿀 수 없는 세상을, 남편 온달을 통해 바꾸려 했던 것은 아닐까?

남편, 혹은 가부장의 권력을 넘어

박경리의 「토지」에는 남편이나 아버지 때문에 결정된 인생이 아니라, 자신이 진정 원하는 운명을 개척하려 애쓰는 수많은 여성들이 등장한다. 그들은 단지 가만히 앉아서 사랑을 기다리는 수동적 존재가 아니라, 스스로 새로운 사랑과 인생을 개척하고 싶은 여성들이었다. 「토지」는 경남 하동 평사리의 최참판댁 여성 삼대가 일구어낸 사랑과 승리의 이야기다. 여성에게 주어진 자유가 터무니없이 희박했던 시대. 자신의 사랑, 자신의 운명, 자신의 직업을 스스로 선택하기 위해 싸우는 여성들은 희망의 상징이기보다는 불행의 씨앗으로 보이기 일쑤였다. 양반여성으로 태어났지만 남편이 없는 상황에서 '여자다운' 삶보다는 '선비다운' 기상과 담력을 보여준 윤씨 부인. 진정한 사랑을 성취하기 위해 하인과 야반도주하는 별당아씨. 최씨 가문을 몰락하게 만든 이들에게 당당하게 복수하고 완벽하게 가문을 되찾는 주인공 최서희. 이 여성 삼대에 걸친 투쟁과 해방의 역사야말로 「토지」의 거대한 얼개를 이루고 있다.

서희를 비롯한 최참판 댁 여인들뿐 아니라 독립운동에 헌신하며 일본인 남성 오가다를 가차 없이 비판하는 유인실, 신분의 한계를 뛰어넘기 위해 양반을 죽이는 일까지 두려워하지 않는 귀녀, 가난하고 고단한 삶 속에서도 서로를 챙겨주고 지켜주는 수많은 농촌 아낙네들까지 「토지」를 이끌어가는 원동력은 바로 여성의 투쟁, 여성의 승리, 그리고 여성의 사랑 이야기다. 그것은 여성이 남성을 물리친다는 의미에서 '승리'가 아니라 여성과 남성이 모두 겪고 있는 공통의 문제들―신분 갈등, 성적 차별, 가난과 역경 등등―을 남성의 손에만 맡겨두지 않고 '함께' 해결해 나간다는 것을 의미한다.

별당아씨와 서희의 모험도 흥미롭지만, 「토지」에서 가장 너른 품으로 자신의 운명을 끌어안는 여성은 바로 윤씨 부인이다. 수절과부 윤씨는 상민 김개주에게 겁탈을 당하고 그의 아이 환이를 낳은 후 평생 죄의식에 시달린다. 그러나 그녀는 죄의식에 갇히지 않고 자신에게 주어진 운명의 장애물과 당당히 맞서 싸운다. 그녀는 양반계급의 여성으로 태어났지만, 양반계급의 몰락을 일찍이 예감했고, 양반계급의 문제점을 스스로 인정했다. 그녀는 '최씨 문중'의 가부장적 시스템 속으로 숨으려 하지 않고, 자신을 안방마님이라는 편안한 자리에 가두려 하지도 않는다. 윤씨 부인은 양반계급의 허례허식을 증오하고, 양반들의 등쌀에 하루도 편할 날 없는 농민들과 하인들의 처지에 공감한다. "나는 당신네들 편의 사람이 아니요. 나는 저 죽은 바우나 간난할멈, 월선네와 같은 처지의 사람이었소."라는 그녀의 고백을 통해 알 수 있듯이, 그녀는 자신보다 훨씬 낮은 신분의 하인, 농민들에게 신분의 격차가 아닌 진정한 인간적 애정을 느낀 것이다.

윤씨 부인은 '피해자'로서의 자신의 위치를 '절망'의 계기가 아니라 '깨달음'의 계기로 받아들였다. 그녀는 '최씨 문중'이라는 주류에 속하기보다는 자신보다 더 힘든 사람, 자신보다 더욱 아픈 사람을 이해하는 일에 매진한다. 그녀는 월선네와 바우처럼 자신도 신분제도의 희생자라는 점을 깨달았던 것이다. 윤씨 부인은 자신의 아픔이라는 거울을 통해 타인의 아픔을 더욱 투명하게 볼 수 있게 된다. 그녀는 양반 남성처럼 권력을 얻으려 한 것이 아니라 양반 여성임에도 불구하고 농민과 노예들의 삶의 아픔에 공감하는 존재가 된다. 그리고 남성들이 미처 지켜내지 못했던 최씨 가문을 끝까지 지켜내는 것도 결국 그녀였다.

최참판 댁은 '최씨 남자들'이 아니라 최참판의 부인이었던 증조할머니, 최참판의 모친이던 고조 할머니를 비롯한 '타성(他姓)의 여인들 오대'가 지켜온 것이었다. 고조 할머니로부터 서희에 이르기까지, 최씨 문중은 '같은 핏줄의 남자들'이 이룩한 것이 아니라 '다른 핏줄의 여인들'이 지켜온 셈이다. 「토지」는 남성의 전유물로 보이는 가부장제 시스템이 실은 여성들의 보이지 않는 배려와 치유의 시스템으로 지켜져 온 것임을 폭로하고 있다. 윤씨 부인은 양반 여성의 계급적 위치를 사수하려고 발버둥친 것이 아니라 양반 계급의 보수성을 버리고, 자신보다 더 아프고 힘든 사람들과 함께 함으로써 '지배의 정치'가 아닌 '상생의 정치'를 실현한다. 독점이나 소유가 아닌 배려의 힘으로, 정복이나 약탈이 아닌 공존의 힘으로. 윤씨 부인은 최씨 문중뿐 아니라 그녀와 관련된 모든 사람들을 포용하는 사랑의 정치를 실현한 것이다.

엄마와 딸과 아내의 굴레를 넘어

병자호란은 조선왕조 5백 년 사상 가장 수치스러운 실패로 기록되었다. 병자호란에서 조선은 패배했지만, 「박씨 부인전」에서 조선 사람들은 그 '현실의 패배'를 '환상의 승리'로 보상받는다. 박씨 부인은 여성의 신분적 한계를 뛰어넘어 전쟁터에 뛰어들기도 하고, 궁궐에 들어가 남성들만의 전유물인 군사 회의에 참여하기도 한다. 박씨 부인의 영웅적 행동은 '판타지'의 외피를 두르고 있지만, 실은 남성들만의 지배로 가득한 조선 사회를 향한 강력한 풍자로 보이기도 한다. 그녀의 못생긴 외모만을 보고 그녀를 무시하고 박

대했던 남편 이시백의 편협함은, 남성들보다 더욱 용기 있고 대담하게 위험에 대처하는 박씨 부인의 늠름함과 대비된다.「박씨 부인전」에서 박씨 부인의 못생긴 외모는 '무섭다'기보다는 '우습다'는 느낌을 줄 정도로, 유머러스하게 표현되어 있다. 남편 이시백은 그녀의 흉측한 외모를 보고 첫날밤도 치르지 않은 채 도망쳐 나오고 만다.

> 키는 거의 칠 척은 되고, 퍼진 허리는 열 아름은 되고, 높은 코와 내민 이마며 둥근 눈망울이 끔찍이 흉하고 수족이 불인하여 걸음을 절며 안색이 먹칠 같고 두 어깨에 쌍혹이 늘어져 가슴을 덮었으니, 비하건대 혹살 척신이 아니면 분명히 염라부의 우두나찰 같은지라.
>
> 이시백이 마음을 가다듬어 다시 박씨 방에 들어가니 눈이 절로 감기고 얼굴을 본즉 기절할지라. 아무리 마음을 강잉하자 한들 그 괴물을 보고 어찌 감동하리오.
>
> ―「박씨 부인전」에서

박씨 부인의 '업보'가 풀려 그녀의 흉측한 외모가 아름다운 외모로 변신하자 그녀를 바라보는 주변 사람들의 시선이 확 달라진다. 시아버지 이득춘을 빼고는 모두가 그녀를 멸시했지만, 그녀가 눈부신 미녀로 변신하자 사람들은 너도 나도 앞다투어 그녀의 '능력'을 인정해 주기 시작한다. 이러한 장면들은 현대인의 눈으로 볼 때는 '외모지상주의'로 보일 수도 있지만, 박씨 부인이 자신의 숨겨진 재능과 운명을 발견하는 과정의 상징으로도 볼 수 있다. 박씨 부인은 못생긴 외모 때문에 남편에게 따돌림을 당하면서도 묵묵히 집안의 대소사를 책임지며 자신의 재능을 차근차근 보여준다. 박씨 부인은 남편에게 소박을 맞자 후원에 '피화당(避禍堂)'이라는 은신처를 지어 그곳에서 머물게 된다. 피화당은 박씨가 묵묵히 미래를 준비하는 곳이기도 하면서 답답한 현실을 보다 살 만한 현실로 변화시키는 곳이기도 하다.

박씨 부인은 병자호란이 일어나 나라가 위기에 처하자 국사에 참여하여 간언을 하기도 하고 전쟁에서 직접 싸우기도 한다. 피화당은 여성의 정치 참여가 완전히 차단된 사회에서 박씨 부인을 비롯한 여성들의 '해방구'가 된다. 박씨 부인은 전쟁이 일어나자 위기에 처한 여성들을 피화당에 숨겨 주고, 그곳에서 전쟁에 필요한 각종 전략을 준비하며 마침내 청나라 장수 용흘대를 죽이기까지 한다.

전쟁이 일어났을 때 여성들은 끊임없이 정절을 위협받고, 가장 먼저 희생당하는 존재였다. 미처 적이 쳐들어오기도 전에 스스로 목숨을 끊는 여성들이 많았을 정도로, 여성은 '어차피' 희생당할 존재로 여겨졌던 것이다. 오랑캐 장수들이 장안의 재물과 부인들을 잡아갈 때, 힘없이 잡혀갔던 부인네들이 박씨를 향해 울며 "슬프다, 우리는 이제 가면 생사를 모를지니, 언제 고국산천을 다시 볼까." 하며 대성통곡하는 장면을 보라. 이런 고통은 전쟁이 일어날 때마다 여성들이 반복적으로 겪어야 했던 집단적인 희생이었다.

박씨 부인이 피화당에서 3년간 인내와 도야의 시간을 겪고 액운을 다하여 아름답게 변신하는 과정은 일종의 영웅적인 통과의례다. 아무리 여성의 사회참여가 제한되어 있었다고는 하지만 '역사'의 표면에 드러나지 않는 여성의 현실참여는 분명히 존재했다. 그 '기록할 수 없는 여성의 욕망'들이 각종 민담과 설화를 통해 은밀하게 꽃피어 있는 것이다.

박씨 부인과 평강공주와 세조의 큰딸의 시대에는 여성들에게 '투표권'도 없었고, '성공할 수 있는 권리'도 없었다. 지금은 여성들도 얼마든지 자신의 운명을 개척할 수 있는 시대가 되었다. 하지만 알파걸과 수퍼맘이 된다고 해서 여성들이 정말로 행복해질 수 있을까? 단지 남성들처럼 승리하고, 남성의 지위를 빼앗는다고 해서 여성들이 행복해질 수 있을까? 이제 여성들에게도 남성들에게도 이 세상의 '화'를 피할 수 있는 진정한 마음의 피난처, 우리 시대의 새로운 '피화당'이 필요한 것이 아닐까?

| 참고문헌 |

그림 형제, 『그림동화전집』, 김유경 옮김, 동서문화사, 2007년.
로버트 루이스 스티븐슨, 『지킬 박사와 하이드』, 박찬원 옮김, 웅진씽크빅, 2008년.
마크 트웨인, 『허클베리 핀의 모험』, 백낙승 옮김, 웅진씽크빅, 2010년.
박효숙, 『곽말약시선』, 문이재, 2003년.
브램 스토커, 『드라큘라』 2권, 박종윤 옮김, 웅진씽크빅, 2009년.
샬럿 브론테, 『제인 에어』 2권, 류경희 옮김, 웅진씽크빅, 2010년.
소포클레스, 『소포클래스 비극 전집』, 천병희 옮김, 숲, 2008년.
스콧 피츠제럴드, 『벤자민 버튼의 시간은 거꾸로 간다』, 박찬원 옮김, 웅진씽크빅, 2009년.
안데르센, 『안데르센동화전집』, 김유경 옮김, 동서문화사, 2007년.
올더스 헉슬리, 『멋진 신세계』, 이덕형 옮김, 문예출판사, 1998년.
윌리엄 셰익스피어, 『베니스의 상인』, 최종철 옮김, 민음사, 2010년.
이반 투르게네프, 『첫사랑』, 최진희 옮김, 웅진씽크빅, 2008년.
제임스 매튜 배리, 『피터 팬』, 이은경 옮김, 웅진씽크빅, 2008년.
조너선 스위프트, 『걸리버 여행기』, 박용수 옮김, 문예출판사, 2008년.
조셉 캠벨, 『신화의 힘』, 이윤기 옮김, 이글리오, 2002년.
조지 오웰, 『1984』, 이기한 옮김, 웅진씽크빅, 2009년.
_____, 『동물농장』, 최희섭 옮김, 웅진씽크빅, 2008년.
조지프 캠벨, 『신화와 인생』, 다이앤 오스본 엮음, 박중서 옮김, 갈라파고스, 2009년.
존 스타인벡, 『분노의 포도』 2권, 김승욱 옮김, 민음사, 2008년.
진 웹스터, 『키다리 아저씨』, 한영환 옮김, 문예출판사, 2000년.
찰스 디킨스, 『크리스마스 캐럴』, 이은정 옮김, 웅진씽크빅, 2008년.
T. S. 엘리엇, 『황무지』, 황동규 옮김, 민음사, 1974년.
허먼 멜빌, 『모비딕』, 김석희 옮김, 작가정신, 2011년.
호메로스, 『오뒷세이아』, 천병희 옮김, 숲, 2006년.